最速で理想のカラダになる

骨格タイプ別ボディメイク

セルフ骨格診断+エクササイズで
体型の悩みを解決!

イメージコンサルタント
Rina Saiki

姿勢改善トレーナー
SHOTA

Gakken

Cafe
ねえねえ
このパフェすっごくおいしそうじゃない!?
MENU
ナミ
私もそれにしようかな
ワカナは？
サオリ
うっ
すっごく食べたい…だけど今甘いもの控えようかと思ってて…
ワカナ
えっ
そうなの？
実はまた3kgも太っちゃって…
一応筋トレとかしてるんだけどさ〜
インスタで見たやつ…
ぜんぜん効果が出ないんだよね

私も年々体重増えてるわ～
ふくらはぎがパンパンでロング丈しか着られない…
私も最近体型が気になってジムに通い始めたんだ
どんなことしてるの？
ほっ！
今は下半身メインで～…スクワットとかかな
でもなぜか太ももとか余計たくましくなった気もして…
遠い目…
パンッ
パン
ぴくっ
それってひょっとしたら…
あなたの骨格に合っていないのかもしれません！
ドーンッッ
骨格!?
ていうか誰!!

はじめまして！私はイメージコンサルタントのRinaです
僕はパーソナルトレーナーをしているSHOTAです
Rina先生
にこっ♡
SHOTA先生
イメージコンサルタント…
パーソナルトレーナー…
ざわ…
なんかすごそうな二人が来た…!!
みなさんは骨格診断をご存知ですか？
骨格診断？
えっとファッション誌とかでよく見るやつ…ですよね？
骨格別コーデ

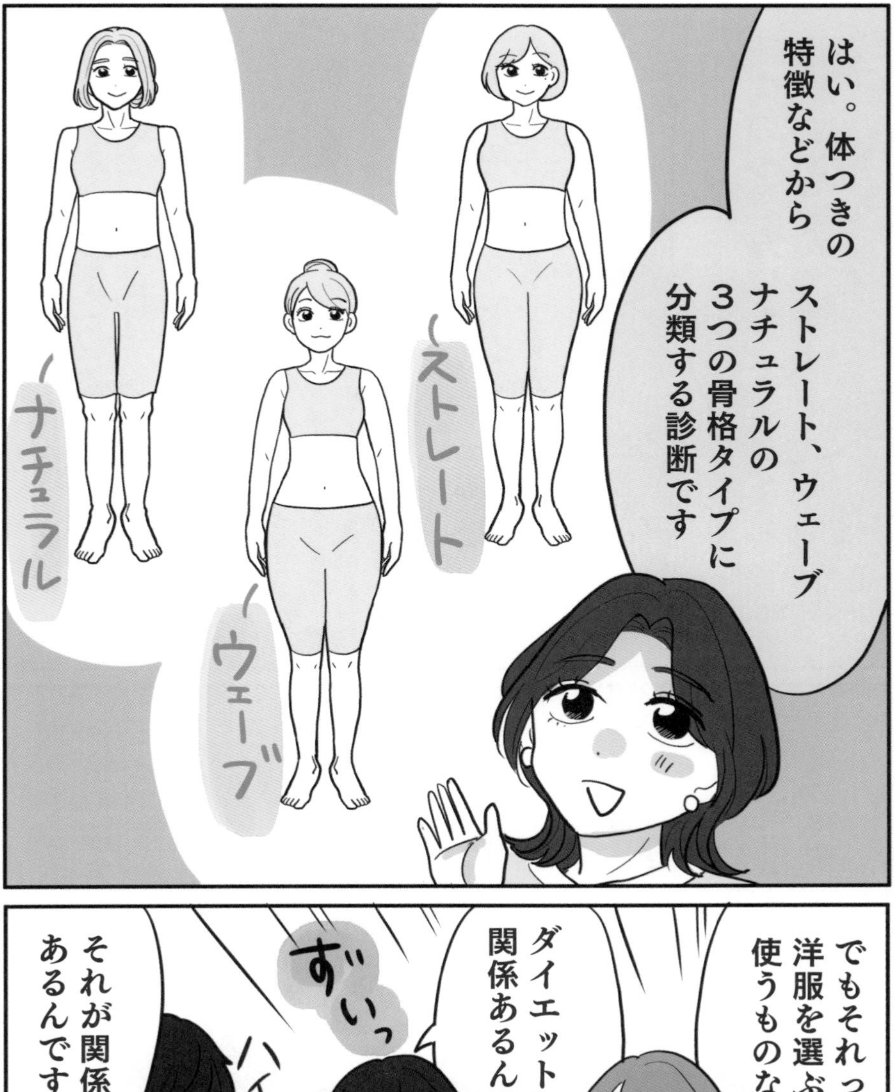
はい。体つきの特徴などから
ストレート、ウェーブ
ナチュラルの
3つの骨格タイプに
分類する診断です
ストレート
ウェーブ
ナチュラル

でもそれって
洋服を選ぶときに
使うものなんじゃ…
ダイエットにも
関係あるんですか？
ずいっ
ハイッ
それが関係
あるんです！

実は骨格タイプによって太りやすい部位が違ったり
二の腕ぷにぷに〜!
下っ腹出てきたな
太ももおしり大きい…
筋肉のつき方にも違いがあるんですよ
太りやすさが骨格で決まってるってことですか!?
もちろん　太る太らないは食事や日常生活によるところが大きいです
でも骨格タイプによる「太り方の傾向」も確実に存在します
むち
むち

たとえば骨格ストレートさんは肩まわりや二の腕など上半身にボリュームが出やすいのに対して
骨格ウェーブさんはお尻や太ももなど下半身にお肉がつきやすい傾向にあります
それって私のことでは…？
キリッ
そこで私たちはこの骨格タイプごとの特徴を
ダイエットやボディメイクにいかせないかと思い—

骨格タイプの特徴やお悩みに寄り添った「骨格パーソナルトレーニング」を開発しました！
バーンッッ
ごくり…
骨格パーソナルトレーニング…？
これまでに2000人以上の骨格診断をしてきたRina先生と
理学療法士でもあり体のことを知り尽くしているSHOTA先生
私たちが共同で開発したメソッドなんです

えっと…そのメソッドは普通のエクササイズと何が違うんですか？
サオリさんはジムでトレーナーの指導を受けていますか？
はい たまに…
一般的にジムで提案されるのはゼロをプラスにするエクササイズです
筋肉がついていないところに筋肉をつけるイメージですね
でも、そもそも姿勢が悪かったり筋肉のつき方がアンバランスな状態でエクササイズを始めてしまうと
あまり変化がない…
ぷにっ
思うような効果が出なかったり意図しないところに筋肉がついてガッシリしてしまうこともあります

僕らのメソッドはそんなふうに「マイナス」の状態になっている体を
ゼロに戻していくための方法でもあるんです
それに、筋肉をつけたほうがいい部位とつけないほうがいい部位というのは
骨格のタイプで違います
ワイドスクワット100回!!
ゴオオオオオッ
自分のタイプに合っていないエクササイズをつづけると…
効果を感じられないどころかさらに太って見えてしまうこともあるんです!
そうなの…!?

自分の骨格タイプを知ることは実現可能な理想体型を知ることでもあります
スラーッ
うん
うん
ダイエットのときも理想体型をイメージするとモチベ上がりますもんね！
さらに、このメソッドはタイプごとに必要なエクササイズとそうでないエクササイズがわかるので効率的なんです
わく
わく
つまり失敗せずにやせられちゃうってことですか!?
はい、僕たちも驚くくらい短期間で効果を実感していただいています
にこっ
先生、そのメソッド私たちにも教えてください！
もちろん！これからいっしょに最短で効率よく理想の体型を目指しましょう！

CONTENTS

本書の注意事項

●本書で紹介するメソッド（セルフ骨格診断とエクササイズ）は、病気やけが・故障の治癒・治療を目的とするものではありません。また、効果には個人差があります。

●体調がすぐれないとき、体に痛みがあるとき、血圧に異常があるときには行わないでください。また、実践中に体に異常を感じた場合はただちに中止し、医師に相談してください。

●次の方は、事前に必ず医師に相談し、許可を得てから行ってください。
・妊娠中の方　・持病のある方　・けがをしている方　・体調がすぐれない方　・体に痛みのある方　・血圧の高い方　・頸椎や腰椎に痛みのある方　・ぜん息の方

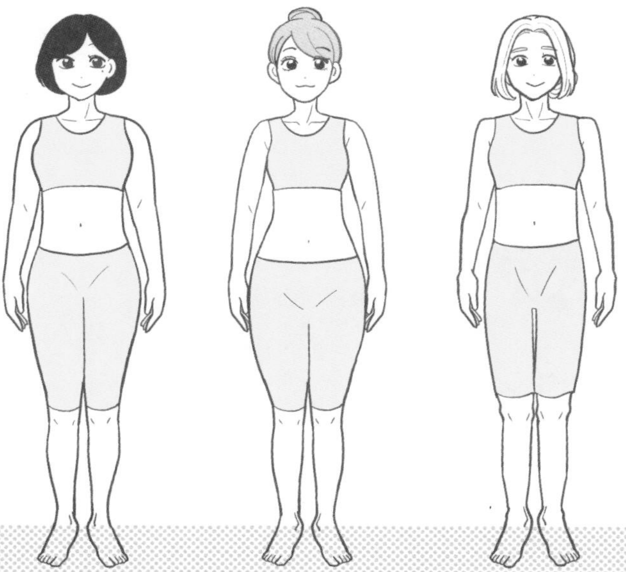

この本の 登場人物

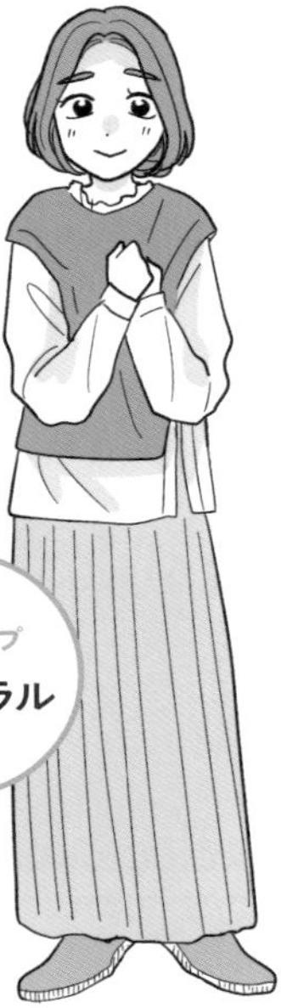

骨格タイプ
ナチュラル

ナミ

若いころはやせ型だったのに、最近少しずつ体型が気になるように。とくに気になるO脚やふくらはぎの張りは、ロングスカートでごまかしている。

ワカナ

おしゃれとスイーツが大好き。SNSでの情報収集が趣味でこれまでにさまざまなダイエットを繰り返してきたが、ことごとく失敗して迷走中。

骨格タイプ
ウェーブ

骨格タイプ
ストレート

サオリ

ガッチリした上半身と太ももの張りが悩み。最近ジムに入会してまじめにエクササイズに取り組んでいるものの、なかなか効果が出ずに悩んでいる。

＼ 教えてくれるのは… ／

Rina先生

イメージコンサルタント

大人気サロン「Colorcle」の代表。これまで2,000人以上の骨格診断を行い、多くの女性を理想のスタイルへと導いてきた敏腕コンサルタント。

SHOTA先生

パーソナルトレーナー

独自の姿勢改善メソッドを用いた指導を行い、日々女性の悩みを解決している。理学療法士の資格も持つ、体の専門家。

PART 1

セルフ骨格診断で自分のタイプを知ろう

エクササイズを始める前に、
まずは骨格タイプをチェックしてみましょう。
自分の骨格タイプがわかると
やるべきエクササイズがわかるようになり
短期間で効率よくダイエットができます。

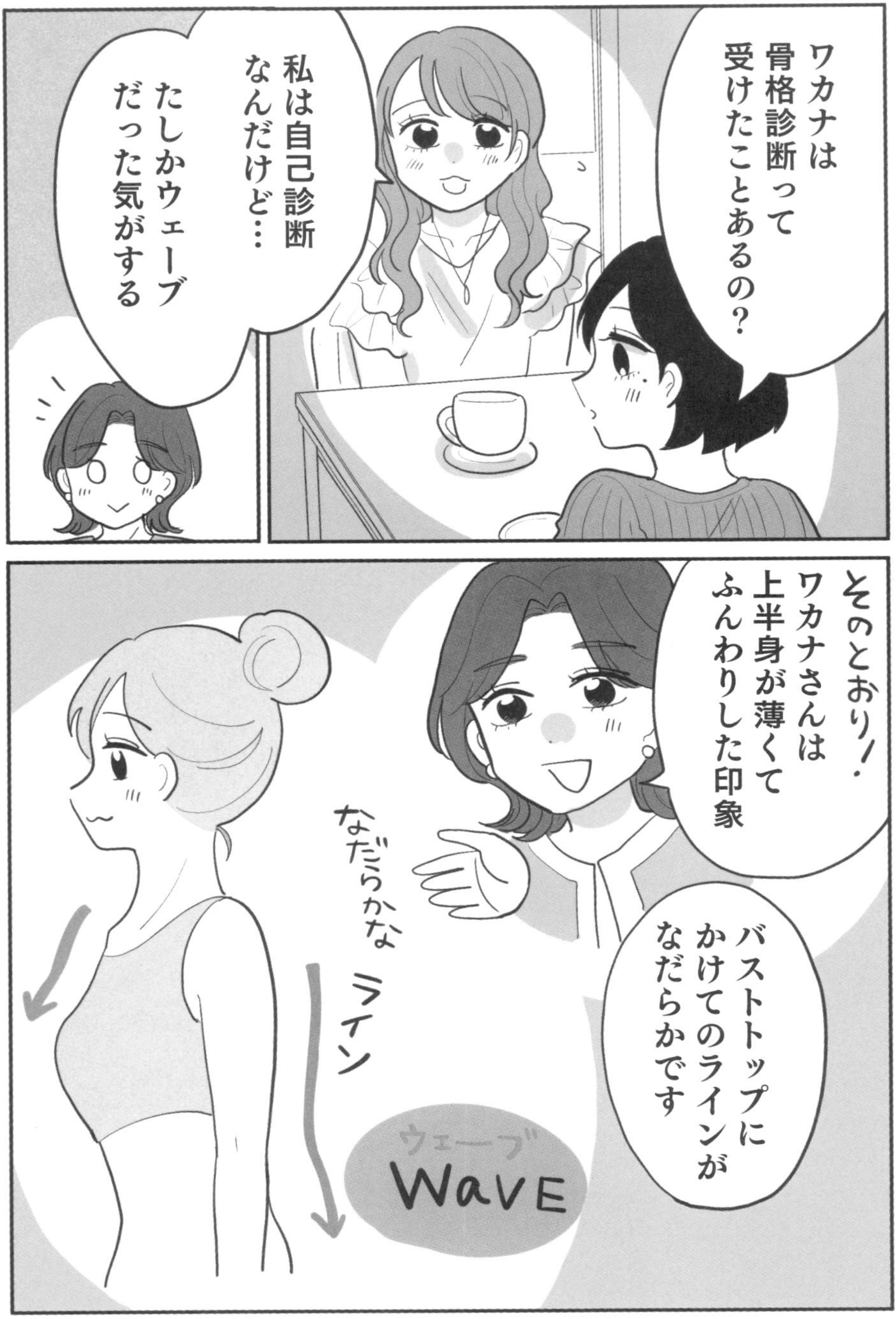
ワカナは骨格診断って受けたことあるの？
私は自己診断なんだけど…たしかウェーブだった気がする
そのとおり！ワカナさんは上半身が薄くてふんわりした印象
バストトップにかけてのラインがなだらかです
なだらかなライン
Wave《ウェーブ》

胸の下から骨盤までの
距離が長くて
くびれがなだらかなのも
ウェーブさんに多い特徴です
首は細長い
胴が長め
へーーー…!
ではお二人も
診断して
みましょう
わく
わく
ぜひ
お願いします!

「骨格診断」って何？

**近年、ファッション誌などでも多く使われている「骨格診断」という言葉。
そもそも、どんな診断のことをいうのでしょうか？**

骨格による体の特徴から3つのタイプに分類する診断

骨格診断とは、ひとりひとりの骨格による体の特徴をみて、自分の体型をより美しく見せる洋服や素材などを見つける診断です。パーソナルカラー診断などとともにファッションを楽しむための理論として親しまれており、ファッション誌をよく読むという人は聞きなじみがあるのではないでしょうか。

診断は、体の各パーツの形や筋肉のつき方、顔のつくり、肌の質感など、骨格の違いによって現れる特徴をみて、タイプ分けしていきます。診断結果は「骨格ストレート」「骨格ウェーブ」「骨格ナチュラル」の3タイプに分類されるのが一般的です（もっと細かく分類する方法もあります）。背の高い・低い、太っている・やせているといった違いや年齢は関係なく、あくまでも「それぞれの骨格タイプが持つ特徴」をみて診断します。

各タイプの特徴は34ページから詳しく解説しますが、それぞれ

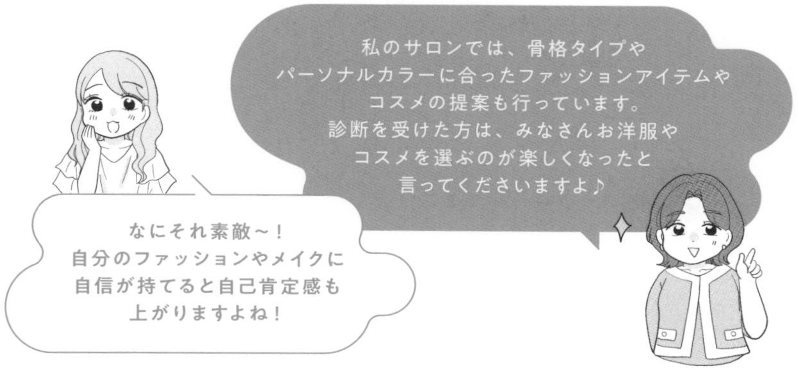
私のサロンでは、骨格タイプや
パーソナルカラーに合ったファッションアイテムや
コスメの提案も行っています。
診断を受けた方は、みなさんお洋服や
コスメを選ぶのが楽しくなったと
言ってくださいますよ♪
なにそれ素敵～！
自分のファッションやメイクに
自信が持てると自己肯定感も
上がりますよね！

に魅力的な特徴がある一方、苦手なファッションアイテムや、コンプレックスになりやすい特徴もあります。自分の体型の長所と短所を知ることができるという点も、骨格診断のメリットです。

自分の骨格タイプをきちんと理解し、体に合ったデザインや素材のアイテムを身につけることは、周囲にあかぬけた印象を与え、自身のイメージアップにつながります。また、今まで避けてきたテイストにも挑戦できるようになるなど、ファッションの幅もどんどん広がっていくでしょう。

このように、骨格診断は自分のよさを引き立たせるファッションを教えてくれるものです。自分のよさをいかすことができれば、それが結果として自信につながるなど、メンタル面にもよい効果が期待できます。本書では、セルフ診断の方法を紹介しているので、まだ自分の骨格タイプを知らないという人は、ぜひチェックしてください。

セルフ診断は26ページから

自分の「骨格タイプ」を知ることはダイエットにも役立ちます！

骨格タイプ別にエクササイズを行うことにはこんなメリットが！

おもにファッションの分野で役立てられている「骨格診断」ですが、これをダイエットの分野でも役立てられないかと考案したのが、本書で紹介する「骨格タイプ別ボディメイク」のメソッドです。自分の骨格タイプを知ること、そして自分の骨格タイプに合ったエクササイズを行うことにはどんなメリットがあるのか、順番に見ていきましょう。

❶ 自分の体型の長所と短所がわかる

3つの骨格タイプには、それぞれ特徴があります。自分の体型の長所と短所を理解することは、エクササイズを行ううえで、とても重要。短所をできるだけ改善し、長所がより際出つような体型こそが、実現可能な理想の体型だといえるからです。まずは自分の骨格タイプの長所と短所を理解し、目指すべき理想体型をイメージしてみましょう。

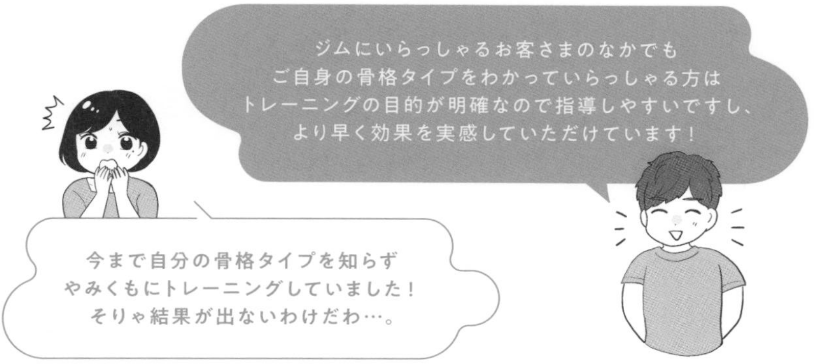

② 鍛えるべき部位とそうでない部位がわかる

ダイエットのためにエクササイズを行っている人のなかには、「がんばっているのに思うような効果が出ない」とか、「かえってたくましい印象になってしまった」という経験がある人もいるのではないでしょうか。それは、骨格タイプごとに筋肉のつき方には差があり、鍛えるべき部位と、鍛えないほうがいい部位があるからです。それを知らずにエクササイズを行うと、短所のほうが際立って、かえって逆効果になってしまう可能性があるのです。エクササイズを行う前に、自分の体型をより美しくするにはどの部位を鍛えればいいのか、きちんと理解しておきましょう。

③ 短期間で効率よくエクササイズを行える

自分の短所と鍛えるべき部位がわかれば、自分にいま必要なエクササイズが明確になります。あとはそれを実践すればいいだけ。必要なエクササイズを必要なぶんだけ行うことで、最短で効率的に理想体型に近づくことができます。

そもそも…なぜ太ってしまうの？

実際に骨格タイプのことを学んでいく前に、「太ってしまう原因」をおさらいしておきましょう。

カロリーオーバー以外にも太ってしまう原因はある！

太る原因として、もっとも一般的なのは「摂取カロリーが消費カロリーを上回ること」です。簡単にいうと、食べすぎで肥満になるということです。しかし、太って見える原因はそれ以外にもあります。「体重は減ったはずなのに体型が変わらない」「上半身はすっきりしたのに下半身が太いまま」といったことがあるとしたら、**その原因は「姿勢」にあるかもしれません。**

デスクワークや長時間スマホを使うことが多い現代人のなかには、猫背やストレートネックなど、姿勢が悪くなってしまっている人がたくさんいます。姿勢が悪いとエクササイズの効果が出にくく、ダイエットの効率も悪くなります。本書では姿勢改善のためのエクササイズも紹介しているので、心当たりのある人はぜひ行ってください。

次のページでは、姿勢の悪化がどんなふうに太る原因につながるのか解説します。

姿勢が悪くなり太りやすくなる習慣

背すじが丸まっている

背すじが丸まる、いわゆる「猫背」の状態はデメリットだらけ！　まず、背骨がゆがむと自律神経のはたらきが乱れ、内臓の機能が低下したり、便秘になったりします。食欲も安定せず、過食の原因になることもあります。
また、猫背によって胸が圧迫されると呼吸が浅くなってしまいます。結果として、脂肪を燃焼させるために必要な酸素をうまく取りこむことができず、代謝が下がって太りやすくなってしまうのです。

脚を組んで座る

普段から脚を組んでいると、骨盤がゆがむ原因に。骨盤がゆがんでいると、立ったときの左右の脚への体重のかけ方にズレが出てしまいます。その結果、どちらかの脚への負担が大きくなり、左右のバランスが崩れ、下半身太りの原因になってしまうのです。

長時間スマホを見ている

ストレートネックの原因の多くは、長時間前傾姿勢でスマホやパソコンを見ていることだと言われています。ストレートネックの状態になっていると、呼吸が浅くなって代謝が下がる、首から肩にかけて余計な筋肉がついて太く見える、二重あごになるなどのデメリットがあります。

CHECK YOUR BODY TYPE!

まずは自分の
＼ タイプをチェック！ ／

セルフ骨格診断

15の質問から、あなたの骨格タイプを診断します。
自分の体にいちばん近いと思うものに
チェックを入れましょう。
判断しにくいときは、家族や友人など、
まわりの人の体と
見比べながら判断してみましょう。

選択肢は直感で選んでOK！
どうしても自分にあてはまる
選択肢がない場合、その設問は
とばしてしまっても大丈夫ですよ

Q.1 肌の質感は？

＊ひじの内側あたりを触ってみましょう

- □ ・筋肉質で弾力や張りがある
  ・プリッとはね返ってくるような質感 …… A
- □ ・しっとりした質感
  ・ふわふわとやわらかい …… B
- □ ・マットでサラッとした質感
  ・筋肉よりも皮っぽさを感じる …… C

Q.2 首の太さと長さは？

- □ ・太さがあり、短めな印象
  ・首から肩にかけての距離も短め …… A
- □ ・細くて長い
  ・肩にかけてのラインがなだらか …… B
- □ ・細くて長いが、すじ張った印象 …… C

Q.3 くびれの有無や胴の長さは？

- □ ・くびれは目立たない
  もしくは「くの字」に急カーブしている …… A
  ・肋骨から腰までが短い
- □ ・S字のなだらかなくびれがある
  ・胸の下から骨盤まで距離があり、くびれが長い …… B
- □ ・くびれのカーブは目立たず、ラインが直線的 …… C

Q.4 胸の印象は？

- [ ] ・しっかり高さがあり、触れたときに筋肉の張りを感じる …… A
- [ ] ・胸板が薄い、もしくは鎖骨からバストのトップにかけてのラインがえぐれている …… B
- [ ] ・高さはあるが、触れたときに脂肪や筋肉よりも骨を感じる …… C

Q.5 肩まわりの印象は？

- [ ] ・肩から腕にかけて筋肉質でガッシリして見える ・肩の骨は目立たない …… A
- [ ] ・大きくはないものの、肩に触れると骨を感じる ・なで肩ぎみ、もしくはラインが平行 …… B
- [ ] ・肩の骨が全体的に大きく ・いかり肩や、それに近い平行なライン …… C

Q.6 お尻まわりの印象は？

- [ ] ・お尻が立体的で、厚みと高さがしっかりある …… A
- [ ] ・立体感がなく、小さくて薄いお尻 ・筋肉が少なく下がりやすい …… B
- [ ] ・ヒップラインの立体感や肉の厚みはない ・横から見たときに骨盤の厚みを感じる …… C

Q.7 太ももの印象は？

- □
  - 前ももの筋肉が硬く張っている
  - 正面から見るよりも、横から見たときにももが太く見える …… A
- □
  - 前ももよりも、ももの外側の張りが目立つ
  - 横から見るよりも、正面から見たときにももが太く見える …… B
- □
  - ももの太さはあまり目立たない …… C

Q.8 ふくらはぎの印象は？

- □
  - 筋肉質でふくらはぎのふくらみがしっかりある …… A
- □
  - ふくらはぎのふくらみはあまり目立たない …… B
- □
  - 全体的に外側に張っていて、O脚ぎみ
  - いわゆる「ししゃも脚」になっている …… C

Q.9 手の印象、大きさは？

- □
  - 手が小さいと感じる
  - 手のひらに厚みがあり、赤ちゃんのようにむっちりしている
  - 親指の付け根（母指球）がふっくらしている

  …… A

- □
  - 大きさは普通でしっとりしている
  - 手のひらが薄く、関節やすじは目立たない
  - 指は細く、すらっとした印象

  …… B

- □
  - 手が大きいと感じる
  - 手のひらの厚みよりも、指の関節や甲のすじっぽさが目立つ
  - くるぶしの骨が出っ張っている

  …… C

Q.10 腕（前腕）の印象は？

- □
  - 手首がキュッとくびれている
  - 筋肉がついていて弾力を感じる

  …… A

- □
  - 筋肉は少なく、柔らかい
  - 細さが一定で、断面にすると平べったい

  …… B

- □
  - 全体的に細いが、手首やひじなど関節の太さが目立つ

  …… C

Q.11 足の大きさと足首の印象は？

- [ ] ・足のサイズが小さいと感じる ・足首がキュッと引きしまっている …… A
- [ ] ・足のサイズは普通 ・足首からふくらはぎにかけての太さが均一 …… B
- [ ] ・足のサイズが大きいと感じる ・足首の骨感が目立ち、くるぶしの骨もしっかり出ている …… C

Q.12 ひざの印象は？

- [ ] ・ひざの皿の大きさは普通 ・ひざ上は太めだがひざ下が細く、メリハリがある …… A
- [ ] ・ひざの皿は細くて小さい ・ひざの下に肉がつきやすい …… B
- [ ] ・ひざの皿が大きく、横から見たときにひざが出っ張って見える …… C

Q.13 鎖骨の印象は？

- [ ] ・鎖骨はあまり目立たない …… A
- [ ] ・鎖骨は出ているが、骨が細く華奢な印象 …… B
- [ ] ・太くてしっかりした鎖骨が出ている …… C

Q.14 顔の印象は？

- [ ] ・どちらかというと丸顔 ・とくに頬などに張りがある …… A
- [ ] ・どちらかというと輪郭は楕円形 ・下ぶくれ感がある …… B
- [ ] ・頬骨やエラなど、骨感が目立つ …… C

Q.15 全身のバランスや見た目で気になるところは？

- [ ] ・上半身の厚み、反り腰などが気になる …… A
- [ ] ・下半身のボリューム感が気になる …… B
- [ ] ・猫背、O脚が気になる …… C

A	個	B	個	C	個

A、B、Cのチェックの数をそれぞれ数えてみましょう。
いちばん多くチェックが入ったものがあなたの骨格タイプです。

Aが多かった人は…

骨格ストレート

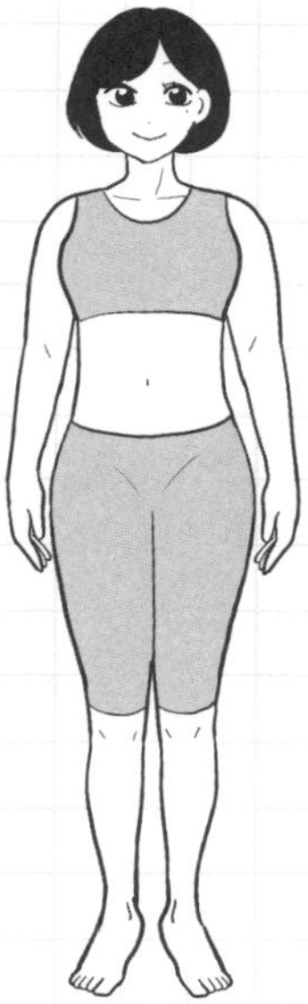

詳しくは34ページへ

Bが多かった人は…

骨格ウェーブ

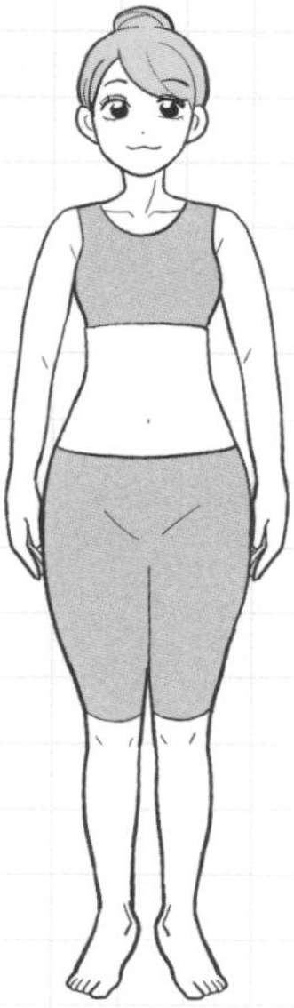

詳しくは38ページへ

Cが多かった人は…

骨格ナチュラル

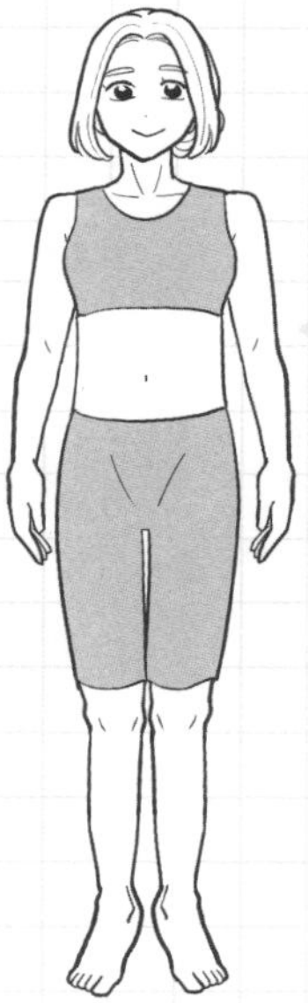

詳しくは42ページへ

＼ 診断に迷ったら ／

チェックの数が複数のタイプで同じときは以下もチェックしてみましょう。

ストレート or ウェーブで迷ったときは？
〉 くびれの長さや、胸の高さをチェック！ 胴が長くくびれがゆるやかな人はウェーブ、胸板の厚みがある人はストレートです。

ウェーブ or ナチュラルで迷ったときは？
〉 鎖骨や肩甲骨、肩の骨などを触ってみましょう。しっかりした骨感がある人はナチュラル、そうでない人はウェーブです。

ナチュラル or ストレートで迷ったときは？
〉 ひざの大きさに注目！　横から見たときにひざが大きく目立つ人はナチュラル、ひざがそれほど目立たない人はストレートです。

骨格ストレートさんの特徴

FRONT

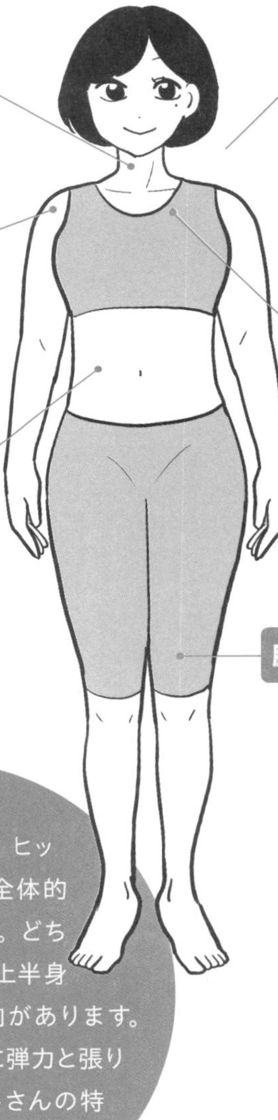

肌質
張りがあり、弾力を感じさせる。

デコルテ
ふっくらと肉づきがよく、筋肉の張りがあるため鎖骨はあまり目立たない。

脚
太ももは筋肉質で、ひざ上が太くなりがち。ひざの皿は小さく、ひざから下はほっそりしている。ただし、ふくらはぎの筋肉が張って目立ちやすい傾向にある。

首
長さは短め。首から肩にかけての筋肉が目立ちやすい傾向にある。

肩
触ってみたときに骨っぽさはなく、筋肉を感じる。

ウエスト
胸の下から骨盤までの距離が短い。

メリハリのあるゴージャスな体型

バスト、ウエスト、ヒップに立体感があり、全体的にメリハリがある体つき。どちらかというと上重心で、上半身にボリュームが出る傾向があります。筋肉がつきやすく、肌に弾力と張りがあるのもストレートさんの特徴です。

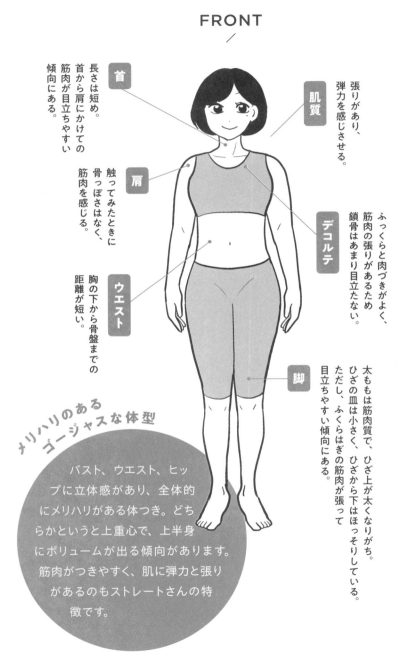

STRAIGHT

SIDE

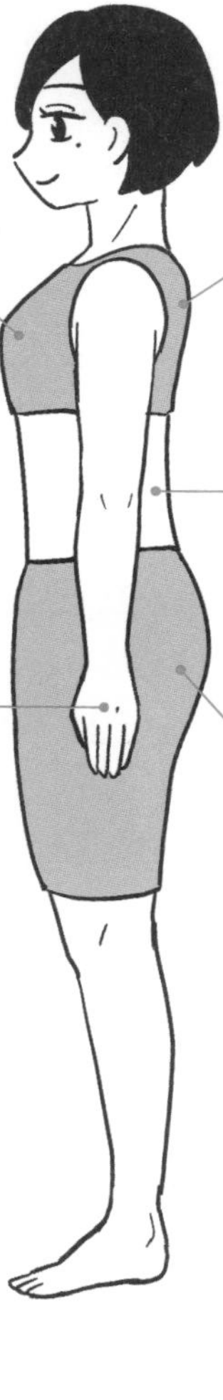

背中

背筋《はいきん》が発達していて、
背骨や肩甲骨は
あまり目立たない。

胸

バストトップは高め。
胸に厚みがあり、横から見ると
バスト全体が立体的。
デコルテから
バストトップにかけての
ラインが直線になりやすい。

腰

腰の位置は高めで
筋肉の厚みがある。

ヒップライン

立体的で
ボリュームのあるヒップ。
横から見たときにお尻が
大きく突き出す「出っ尻」に
なっている人も多い。

手

手首

細めで、
断面にしたとき丸に近い
筒状になるのが特徴。

手のひら

小さく、
厚みと弾力がある。
指の関節や
甲の骨は目立たない。

手のくるぶし

骨は小さく、
目立たない。

立体感があって、いわゆる
欧米人のような体型ですね

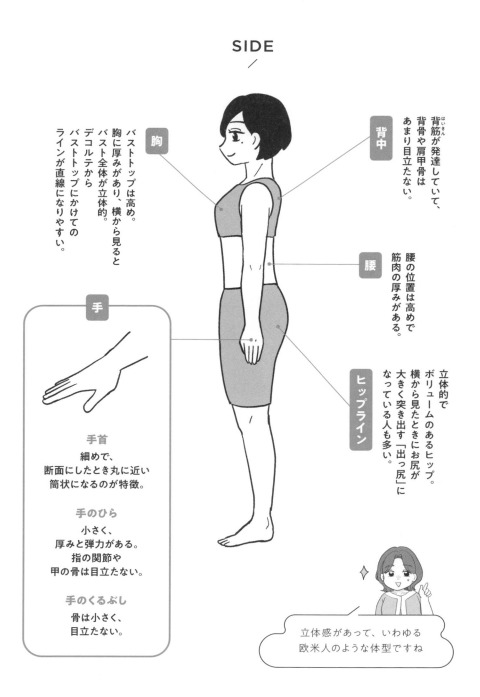

骨格ストレートさんのお悩み

お悩み1

ガタイがよく見える!

上半身にボリュームがあるので、ガタイがよく見えることも。あえて体のラインを見せるファッションを選ぶなど、立体的な体型をいかせると◎。また、ほっそりさせたい部分は筋肉を鍛えるのではなく、ストレッチをメインで行うのがよいでしょう。

お悩み2

二の腕が太い!

二の腕の太さを気にして、ノースリーブが着られないと悩む人が多いよう。筋肉が張って太く見えてしまっていることも考えられるので、ストレッチをして張りをなくしていきましょう。

お悩み3

前ももの張りが目立つ!

前ももの筋肉が張って、スキニーパンツをかっこよくはきこなせないというのもストレートさんに多いお悩み。反り腰や扁平足などが原因で前ももの筋肉が発達し、太くなっている場合も多いです。

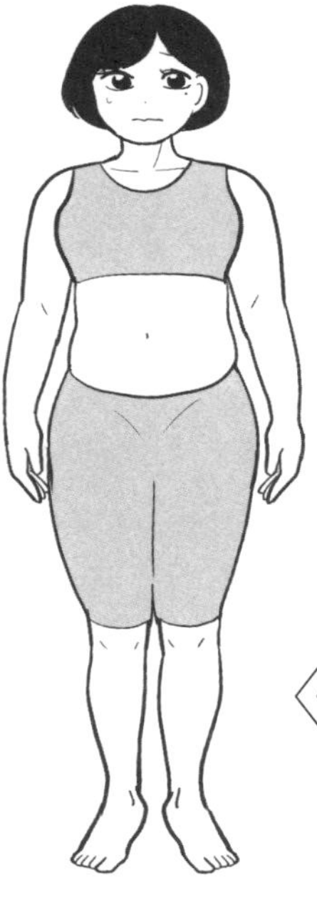

太るとどうなる?

肩まわり、二の腕、お腹、前ももにとくにお肉がつきやすく、ガッシリ体型が目立つようになります。反り腰の人は下腹がぽっこり出てしまうことも。

Q. 服装はどうしたらいい？

NG

オーバーシルエットの服は
着太りの原因に…

OK

かっちりしたコート×ラフなカットソー
メリハリの効いた組み合わせが◎

シンプルでかっこいい スタイルが得意

かっちりしたジャケットなどを使ったかっこいいスタイルが得意なストレートさん。胸元の開いたカットソーや足首の見えるパンツを取り入れるなど、出すところは出す、隠すところは隠す着こなしをすると魅力的！ どんなコーディネートでもI（アイ）ラインシルエットを意識すると、スタイルアップして見えます。

＼これもおすすめ！／

Iライン スカート

スカートはIラインのものを選びましょう。腰まわりにボリュームが出やすいフレアスカートやハイウエストスカートは苦手です。

ストレート パンツ

シンプルなストレートパンツが大得意。カジュアルなデニムからきれいめな素材まで、かっこよくはきこなせます。

Vネック

首もとをすっきり見せるVネックのトップスがおすすめ。とろみのある柔らかな素材は避け、パリッとした素材のアイテムを選ぶと◎。

骨格ウェーブさんの特徴

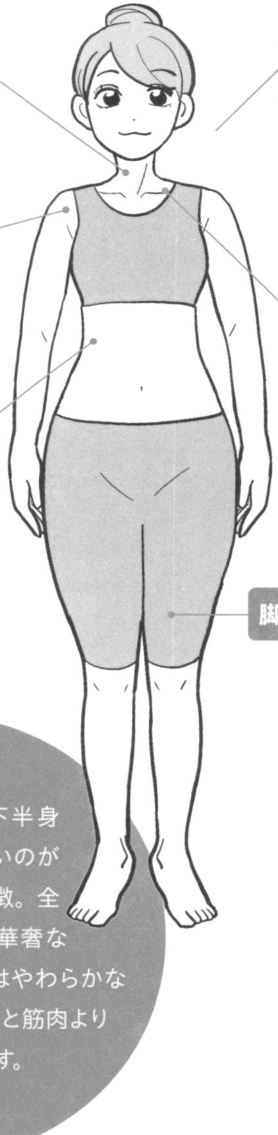
FRONT
首
細めで肩にかけてのラインがなだらか。
肌質
ふんわりとしたソフトな質感。
肩
肩幅が狭く華奢な印象。肩に触れると骨を感じるが大きくはない。
デコルテ
薄くて華奢な印象。鎖骨は細いが、よく目立つ。
ウエスト
胸の下から骨盤までの距離が長い。くびれが目立つ。
脚
太もも（とくに外側）の肉感が目立ちやすい。ひざの皿は小さめ。ふくらはぎもやわらかな印象。

全体的に華奢でやわらかい印象

上半身に比べて、下半身にボリュームが出やすいのがウェーブさんの大きな特徴。全体的に体に厚みがなく、華奢な印象です。ボディラインはやわらかな曲線で、どちらかというと筋肉よりも脂肪を感じさせます。

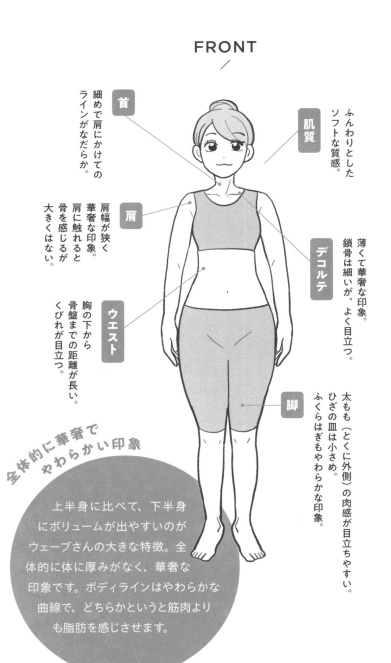

WAVE

SIDE

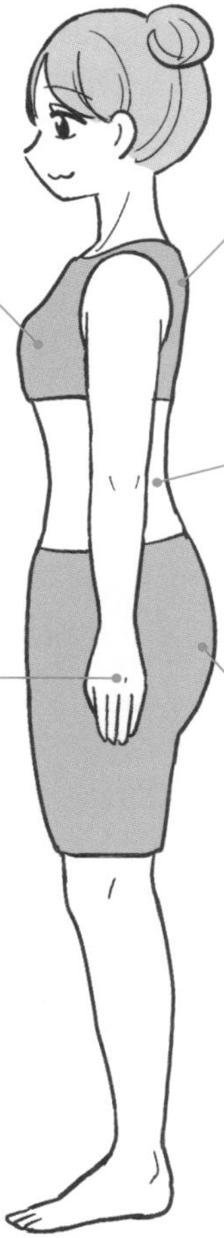

胸

胸板が薄く、
バストトップの位置は低め。
デコルテから
バストトップにかけての
ラインがえぐれている。

背中

筋肉が少ないので、
背骨や肩甲骨を
うっすらと
感じるが骨は小さめ。

腰

腰の位置が低めで
厚みがない。

ヒップライン

平面的で厚みのないヒップ。
背中からヒップにかけて
なだらかな曲線になっていて
下にボリュームがある。

手

手首

平たく、断面にすると
楕円になるのが特徴。
細く華奢な印象。

手のひら

薄く、サイズは平均的。
指の関節は目立たない。

手のくるぶし

目立たず、
サイズも普通。

洋ナシ型ともいわれる、
下重心の体型が大きな特徴です

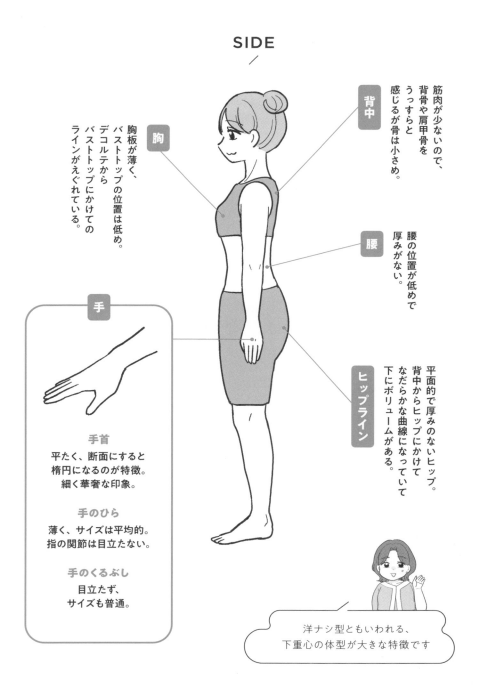

骨格ウェーブさんのお悩み

お悩み1

太ももの横張りが目立つ！

外ももが大きく横に出っ張ってしまい、パンツやタイトなスカートをはきこなせないと悩む人が多いようです。下半身のラインをうまくカバーできるファッションを選びつつ、エクササイズでボディラインを整えていきましょう。

お悩み2

バストトップが低いのが気になる！

上半身が華奢なウェーブさんですが、胸の位置が低い傾向にあり、貧相な印象になってしまうことも。背中を鍛えて猫背や巻き肩を改善すると、上半身の貧相な印象が軽減します。

お悩み3

お尻が垂れてしまう！

筋肉が少ないウェーブさんは、ヒップラインも下がりがち。お尻が下に垂れると、脚まで短く見えてしまいます。ヒップアップに効果的なストレッチ&エクササイズを行い、上にあがった理想的なヒップラインを目指しましょう。

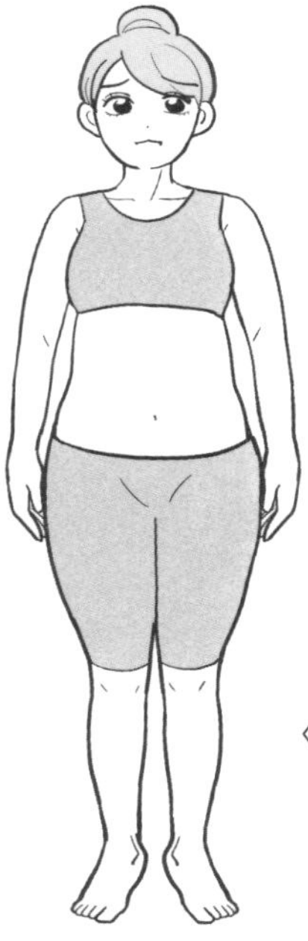

太るとどうなる？

下腹と腰まわりにお肉がつきやすく、下半身のシルエットが崩れがち。太るとさらに横幅が出て、より脚が短く見えてしまいます。

Q. 服装はどうしたらいい？

下半身のラインが出る服装は太って見える原因に！

トップスにボリュームをもってきて下半身を上手にカバー

ふんわりフェミニンなスタイルが得意

フリルやレースなど、ふんわりした素材との相性が抜群なウェーブさん。華奢な体つきをいかし、体の一部を出したファッションも得意です。下半身のラインがコンプレックスになりがちなので、トップスにボリュームのあるアイテムをもってくるのが◎。ウエストが絞られたアイテムを選ぶのもおすすめです。

＼これもおすすめ！／

シフォンブラウス

とろみのあるシフォン素材が柔らかな肌質にマッチ！上半身が華奢なので、フリルやリボンなどの装飾があるアイテムも着こなせます。

フレアスカート

裾が広がったAラインのスカートは、下半身のボリュームをカバーしてくれるのでおすすめ。プリーツが入ったスカートも◎。

ワンピース

重心が体の下のほうにあるウェーブさんは、ワンピースとの相性もばっちり。とくに、ウエストが絞られたアイテムがおすすめです。

骨格 ナチュラルさんの特徴

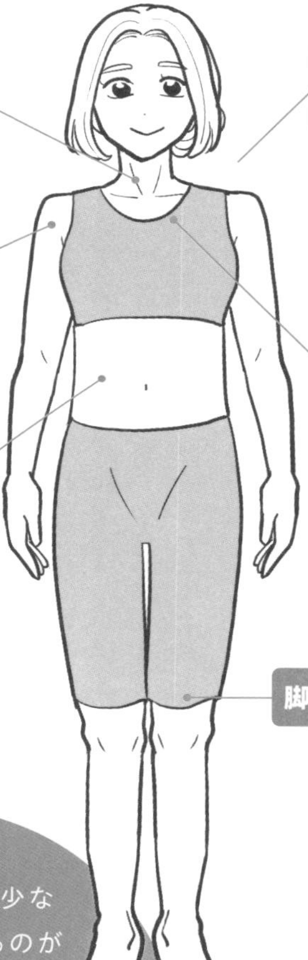

肌質
どちらかというとサラッとした印象。ほかのタイプに比べて個人差が大きい。

デコルテ
鎖骨が太くて大きい。肉感はなく、骨とすじっぽさが目立つ。

脚
太ももは細いが、ひざの皿が大きく目立つ。ひざ下も細い人が多いが、すねの骨やアキレス腱などが目立ちすじ張った印象がある。

首
首すじが目立つ。肩にかけてのラインが直角に近い。

肩
触れると大きな骨を感じる。筋肉が少なく、骨っぽさが目立つ。

ウエスト
上半身から下半身まであまり凹凸がなく、くびれも目立たない。

筋肉や脂肪がつきにくい スレンダーな体型

全体的に凹凸が少なく、すらっとしているのがナチュラルさんの特徴。手足が細くて長いので、スレンダーな印象を与えます。ボディラインは曲線的ではなく、どちらかというと骨ばっていて、すじっぽさも目立ちます。

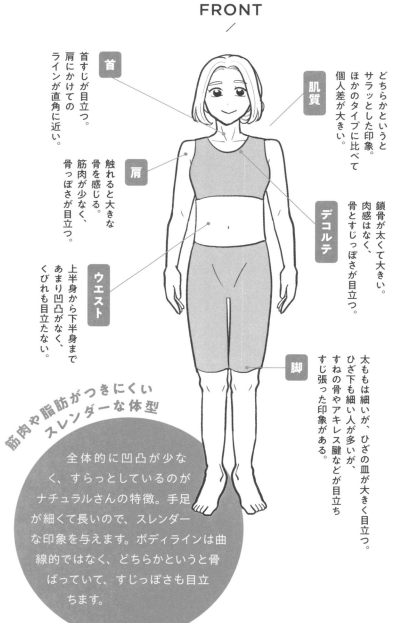

NATURAL

SIDE

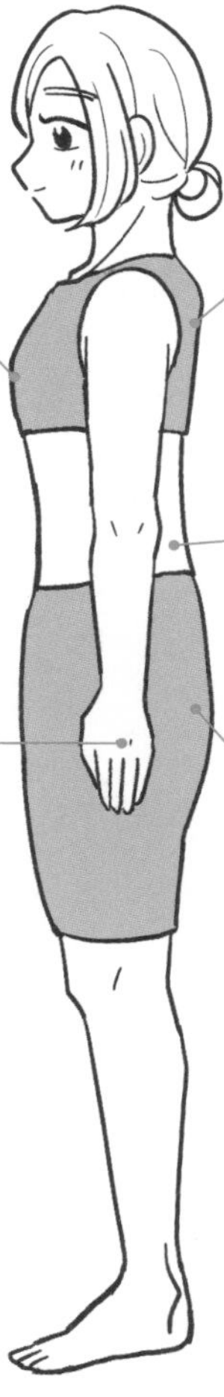

胸

鎖骨から
バストトップにかけての
ラインが直線的になりがち。
胸に厚みはあるが、
肉感的ではない。

背中

背骨や肩甲骨が大きく、
しっかり目立つ。

腰

骨に厚みがあり
腰に高さを感じる。

ヒップライン

骨盤に厚みがあるが、
お尻に肉感はなく
ヒップラインが平面的。

手

手首

骨っぽさやすじが目立つ。
断面にしたとき
角張っているのが特徴。

手のひら

大きめ。
指の関節や、手の甲の
すじが目立つ。

手のくるぶし

大きめの骨が
よく目立つ。

全体的に、四角形のような
フレーム感がある体型ですね

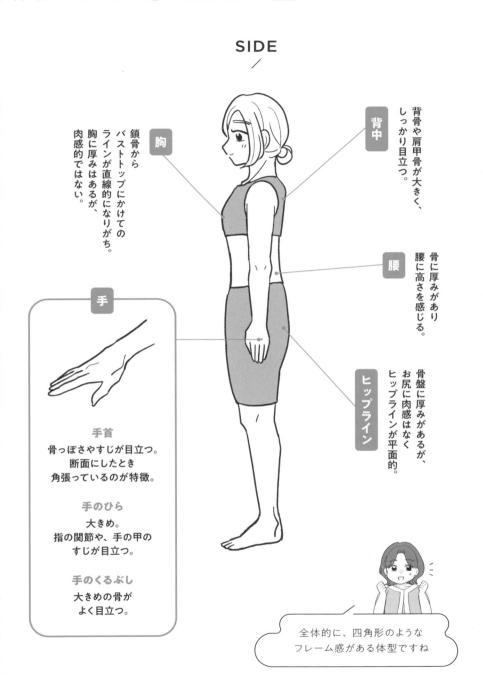

骨格ナチュラルさんのお悩み

お悩み1

肩幅が広いのが気になる！

肩が骨ばっているため、どうしても肩幅が広くたくましい印象になりがち。骨感の目立たないアイテムを選ぶなど、ファッションにも注意が必要です。首から肩にかけてのストレッチで肩まわりをすっきりさせると、幅広な印象をやわらげられます。

お悩み2

猫背になってしまう！

背中の筋肉が少ないため、猫背に悩む人も多い傾向が。普段から姿勢を意識して生活することはもちろん、ストレッチやエクササイズも取り入れて改善していきましょう。

お悩み3

O脚が気になる！

股関節の硬さや、お尻の筋肉が弱いこと、脚を組むなどの習慣が原因となるO脚。脚が細いナチュラルさんは、とくにO脚が目立ってしまいます。また、ふくらはぎの張りもよりO脚を目立たせるので、あわせて改善していきましょう。

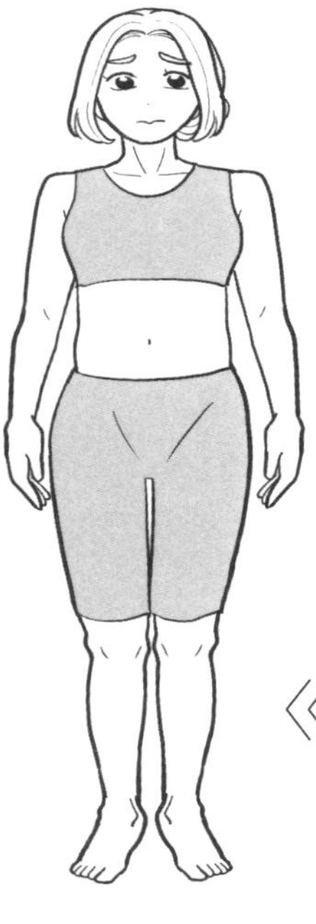

太るとどうなる？

3タイプのなかでは比較的太りにくいナチュラルさんですが、太ると全身にまんべんなくお肉がつき、ワンサイズ大きくなる傾向にあります。

NATURAL

Q. 服装はどうしたらいい？

ひざ丈のスカートは大きなひざの皿が目立ってしまう…

Iラインを意識した光沢のないワンピースが◎

ラフでカジュアルなスタイルが得意

かっちり堅めなファッションよりも、肩の力が抜けたラフな着こなしが得意なナチュラルさん。素材なら、リネン、デニム、コーデュロイといった生地との相性がよく、網目のあらいニットなどもよく似合います。体にぴったりフィットするアイテムよりも、ゆったり着られるアイテムを選ぶと、こなれ感も増しますよ。

＼これもおすすめ！／

スウェットパーカー

トレーナーやパーカーなど、スポーティなアイテムも得意。デニムと合わせたり、オーバーサイズのアイテムをラフに着たりすると◎。

リネンシャツ

リネンやコットンなど、天然素材との相性抜群なナチュラルさん。リネンのシャツをさっと羽織るだけでコーデが決まります。

ワイドパンツ

パンツは幅が広いアイテムを選びましょう。細身のパンツだと、ひざの大きさや脚のフレーム感が目立ってしまいます。

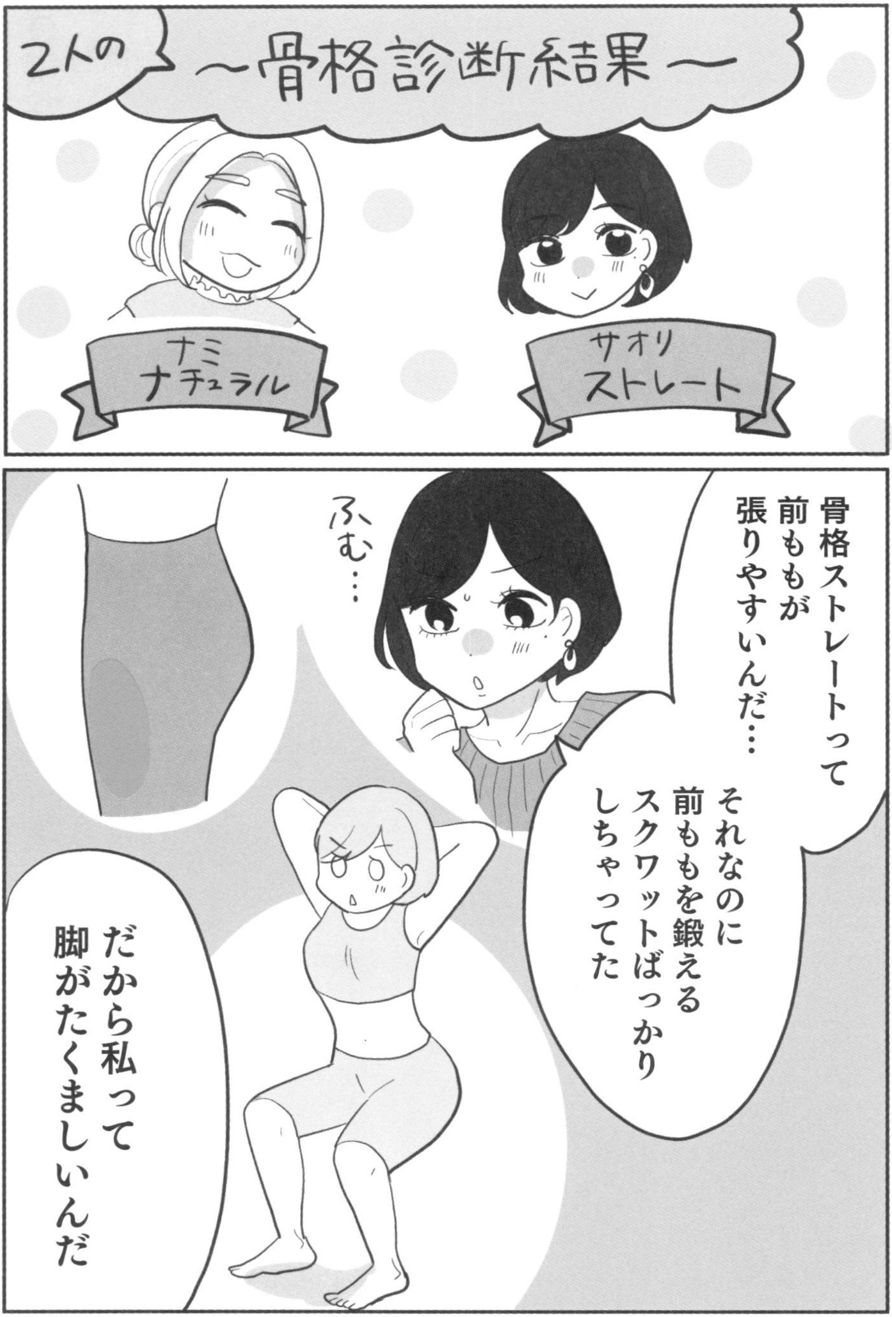
2人の
～骨格診断結果～
ナミ
ナチュラル
サオリ
ストレート
骨格ストレートって前ももが張りやすいんだ…
ふむ…
それなのに前ももを鍛えるスクワットばっかりしちゃってた
だから私って脚がたくましいんだ

そうですね ストレートさんの場合 前ももはストレッチを メインにして
お尻や もも裏をしっかり 鍛えたほうが 太ももはほっそり しやすいです
なるほど〜！
自分の骨格タイプが わかると 鍛えるべきポイントが わかるんですね！
そのとおり！ ここからは各タイプに おすすめのエクササイズを 紹介していきますね
はいっ
よろしく お願いします！

骨格タイプとあわせて知りたい！

パーソナルカラーって何？

パーソナルカラーとは、第三者から見てその人が最も魅力的に見える色のこと。一般的なパーソナルカラー診断では、「春」「夏」「秋」「冬」の４つの色のグループの中から、その人に最も似合う色を導き出します。

そんなパーソナルカラーの基本となる色分類が「イエローベース」「ブルーベース」の２種類です。SNSやファッション誌などで「イエベ」「ブルベ」という言葉を見かける機会も増え、ファッションやメイクアイテムを選ぶうえで欠かせないものになってきています。

イエローベースの特徴

・地毛の色が茶色っぽい
・目の色が茶色っぽい
・シルバーよりもゴールドのアクセサリーがなじむ

ブルーベースの特徴

・地毛の色が黒っぽい
・目の色が黒っぽい
・ゴールドよりもシルバーのアクセサリーがなじむ

自分のパーソナルカラーを知ることは、ファッションの幅が広がったり、周囲からの印象がよくなったりと、メリットが盛りだくさん。骨格タイプとあわせてぜひチェックしてみましょう。セルフ診断でも大まかな傾向を知ることができますが、より詳しく知りたい人は専門家による診断がおすすめです。

私のサロンでも、パーソナルカラー診断はたいへん好評をいただいています♪

PART 2

お悩み解消！骨格タイプ別エクササイズ

自分の骨格タイプがわかったら
いよいよエクササイズを始めましょう！
ここからは、各タイプに多いお悩みを解消するための
ストレッチや筋トレを紹介していきます。

エクササイズを始める前に

ここでは、エクササイズを行うときや、
始める前に注意したいポイントを紹介します。
より早く効果を実感するためにも、
エクササイズは以下のことに注意して行いましょう。

1 正しい姿勢で行う

エクササイズは、正しい姿勢で行うことで効果が出ます。間違った姿勢で行うと効果が出にくいどころか、ケガのリスクも高まってしまいます。各ページに書かれていることをよく読んで、正しい姿勢を意識して行ってください。

2 筋肉を意識する

エクササイズを行う際は、どこの筋肉を伸ばしたり、鍛えたりしているのか意識することが大切です。目的の部位に効いているか、イラストを見て確認しましょう。

3 呼吸を止めない

エクササイズを行う際、つい力が入りすぎて呼吸を止めてしまう人が多いです。筋肉に必要な酸素をしっかり送りこむことでエクササイズの効果も高まるので、呼吸はつねに意識し、止めずに行ってください。

エクササイズにまつわるQ＆A

Q.エクササイズを行う時間帯は？

とくに時間の指定はありませんが、脂肪燃焼効果を高めたければ、空腹時に行うのがおすすめです。食後4時間くらいを目安にしてください。また、筋トレ系のエクササイズは体が覚醒し、眠りにくくなってしまうこともあるので、寝る直前に行うのはあまりおすすめしません。

Q.どのくらいの頻度でやればいい？

忙しければ週１回でもOKです（P138～もご覧ください）。慣れてきたら週２～３回にするなど、自分のつづけられるペースで行ってください。筋トレは毎日行うとよくないといわれることもありますが、本書で紹介するエクササイズはそれほど負荷が高くないので、毎日行ってもOKです。

Q.筋肉痛があるときは？

筋肉痛がおさまるまでエクササイズはお休みしましょう。筋肉痛は傷んだ筋肉を修復している合図なので、修復中はしっかり休めることが大切です。筋肉痛があるときも、ストレッチのみでしたら行ってもOKです。

Q.テレビを見ながらやってもいい？

慣れてくると、テレビやYouTubeを見ながらなど、別のことをしながらエクササイズをやりたくなるかもしれませんが、これはおすすめしません。エクササイズは、どこが伸びたり、どこの筋肉に効いたりしているか意識しながら行うほうが効果的だからです。

Q.布団の上でやってもいい？

布団やベッドの上でエクササイズを行うと、適正な負荷がかからなかったり、目的とは違う筋肉に効いてしまったりして、思うような効果が出ないことも。床の上にヨガマットなどを敷いて行うことをおすすめします。

そのスクワット あなたに合っている？

「とりあえずスクワットさえやっておけばやせられるはず」
なんて思っていませんか？
実は自分の骨格に合っていないスクワットをつづけると、
下半身に不必要な筋肉がついて、かえって太く見えてしまうかも！
自分に合ったスクワットを知りましょう。

自分に合ったスクワットを行えば短期間でも効果を実感できる

エクササイズの定番ともいえるスクワット。下半身を中心に大きな筋肉を鍛えられるので、筋力アップはもちろん、下半身の血流の促進や冷え・むくみの改善、代謝アップなど、ダイエットにとってもうれしい効果が期待できるエクササイズです。

しかし注意しなければならないのが、自分に合っていないスクワットをつづけると、かえって下半身が太くなってしまう可能性があるということです。

34ページから45ページで紹介したように、骨格ストレート、ウェーブ、ナチュラルにはそれぞれ体つきに特徴があります。太ももに限っていうと、次のような特徴があげられます。

- ストレート……筋肉質で、とくに前ももの筋肉が張りやすい
- ウェーブ……もも全体（とくに外もも）の肉感が目立ちやすい
- ナチュラル……比較的細めだが、内ももがたるみやすい

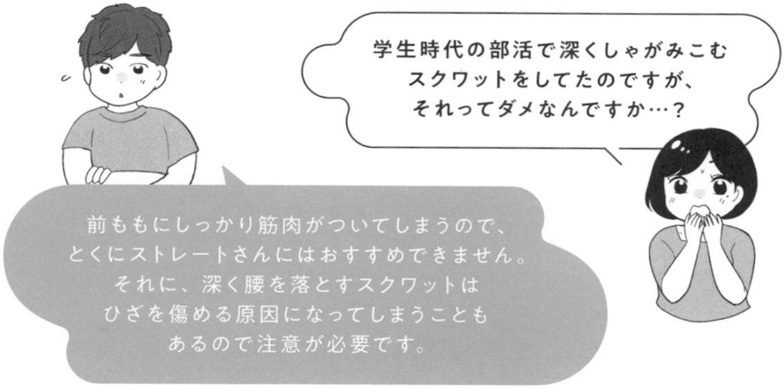
学生時代の部活で深くしゃがみこむ
スクワットをしてたのですが、
それってダメなんですか…？
前ももにしっかり筋肉がついてしまうので、
とくにストレートさんにはおすすめできません。
それに、深く腰を落とすスクワットは
ひざを傷める原因になってしまうことも
あるので注意が必要です。

一般的なスクワットとされる、ひざを曲げて深く腰を落とす動きは、前もも（大腿《だいたい》四頭筋《しとうきん》）、もも裏（ハムストリングス）、お尻（大殿筋《だいでんきん》）などを鍛えることを目的としたエクササイズです。

では、ただでさえ前ももの筋肉の張りに悩んでいるストレートさんが、その一般的なスクワットを行うとどうなるでしょう？ 今よりさらに前ももに筋肉がついてしまい、お悩みを悪化させてしまうかもしれません。

一度ついてしまった筋肉を落とすのにも時間がかかります。最短で効果を求めるなら、鍛える必要のない筋肉にはアプローチせず、鍛えるべきところだけにアプローチすることが重要です。そのためスクワットひとつにしても、自分の骨格タイプとお悩みに合った方法で行う必要があるのです。

次のページからは各タイプにおすすめのスクワットの方法を紹介します。自分に合ったスクワットで、短期間でのスタイルアップを目指しましょう。

SQUAT 01

骨格ストレートさんにおすすめなのは お尻&もも裏にアプローチするスクワット

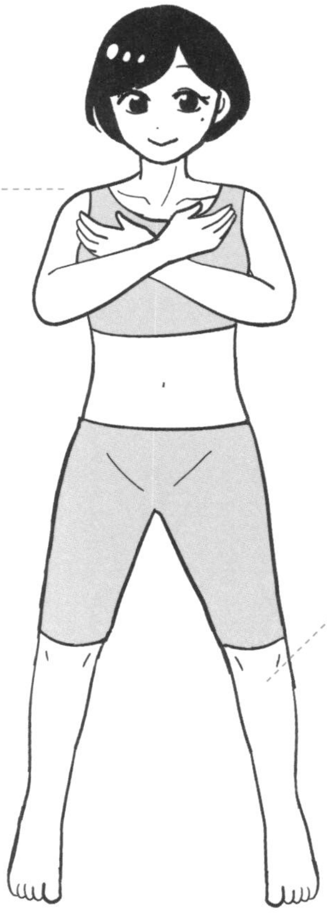
肩の力を抜いて
リラックス。
ひざが内側に入ったり、
反対にガニ股に
なったりしないように。

STEP 1

足を肩幅くらいに開き、両手を胸の前でクロスした状態で立ちます。このとき、つま先はしっかり前へ向けておきましょう。

ストレート向けスクワットのポイント

- 筋肉が張りやすい前ももには効かせない！
- お尻＆もも裏をピンポイントで鍛えられる！
- 反り腰の予防や改善にもなる！

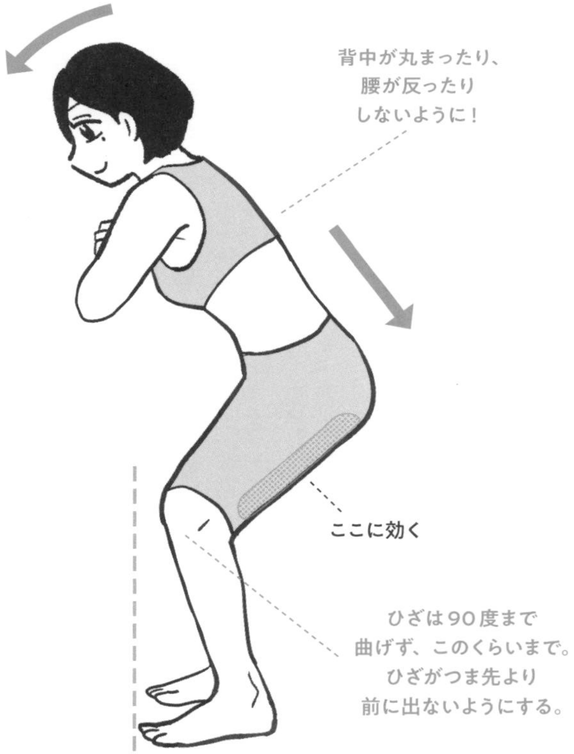

背中が丸まったり、
腰が反ったり
しないように！
ここに効く
ひざは90度まで
曲げず、このくらいまで。
ひざがつま先より
前に出ないようにする。

息を吸いながら
腰を落とし
吐きながら立つ

STEP 2

上半身を前傾させながらお尻を後ろに突き出し、腰を落とします。このとき、股関節から曲げるよう意識するとお尻ともも裏に効いてくるのを感じます。２秒かけて腰を落とし、２秒かけて立ちましょう（これで１回）。 回数：10回

骨格ウェーブさんにおすすめなのは 内もも全体をしっかり 伸ばしながら鍛えるスクワット

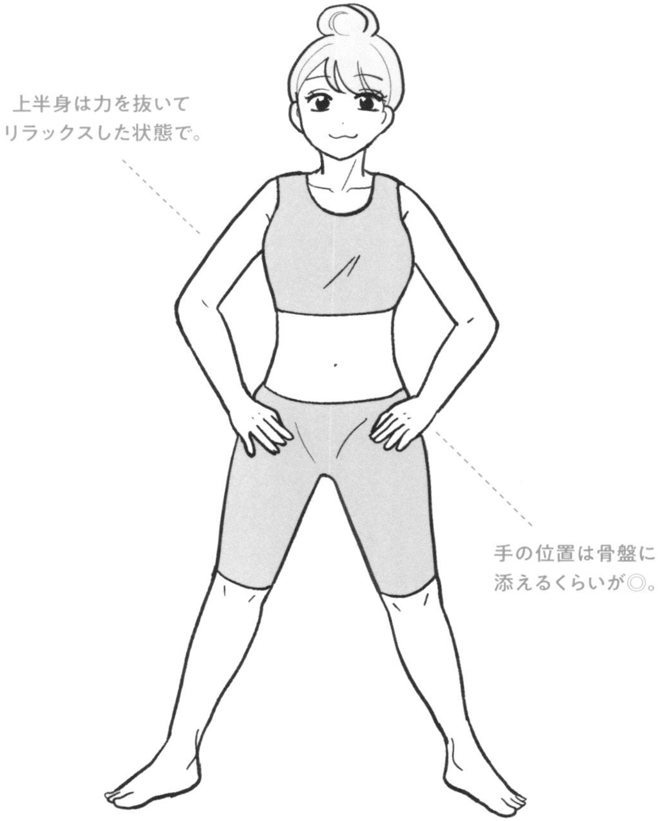
上半身は力を抜いて
リラックスした状態で。
手の位置は骨盤に
添えるくらいが◎。

STEP 1

足を肩幅の1.5倍ほど開き、左右のつま先を45度くらい開いて立ちます。

ウェーブ向けスクワットのポイント

- 内ももの筋肉が使えるようになる！
- 垂れたお尻や、広がったお尻にも効果アリ！
- 張りが気になる前ももや外ももには効かせない！

息を吸いながら腰を落とし吐きながら立つ

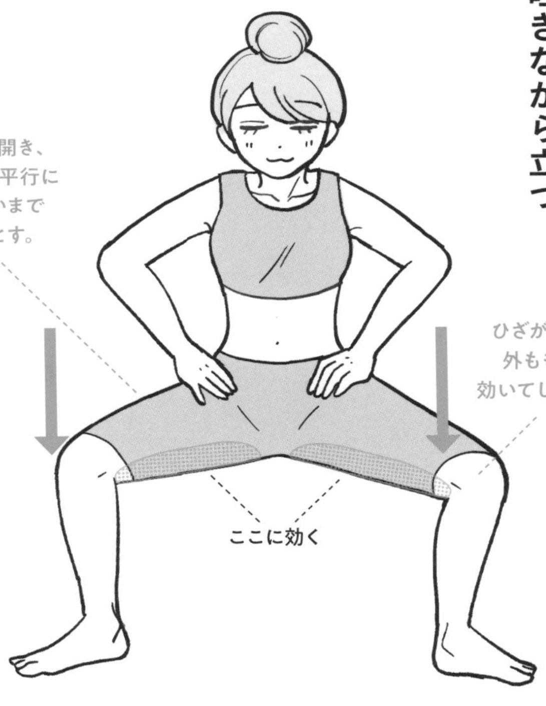

股関節を開き、ももと床が平行になるくらいまで腰を落とす。
ひざが内側に入ると外ももや前ももに効いてしまうのでNG！
ここに効く

STEP 2

ひざを外に向けたまま腰を落とすと、内もも全体が伸びるのを感じます。上半身が前かがみにならないよう注意しましょう。２秒かけて腰を落とし、２秒かけて立ちます（これで１回）。バランスをとりにくい場合は、壁に手をついて行ってもOKです。 回数：10回

骨格ナチュラルさんにおすすめなのは 猫背や O脚改善にも 効果的なスクワット

しっかりと胸を張り、
肩甲骨を内側に寄せる。

STEP 1

足を肩幅の２倍くらいに開き、左右のつま先を45度くらい開いて立ちます。両手は頭の後ろで組んで、しっかり胸を張りましょう。

ナチュラル向けスクワットのポイント

- 内もも全体をしっかりストレッチできる！
- ピーマン尻、O脚改善にも効果アリ！
- 背中もいっしょに鍛えることで猫背改善が期待できる！

息を吸いながら
ひざを曲げ
吐きながら戻す
上半身もやや前に傾ける。
ただし、背中が丸まらないよう注意。
伸ばしているほうの
脚の内ももが
しっかり伸びる。
前ももで体重を支えたり、
ふくらはぎに
効いてしまうのはNG。
ここに効く
かかとが
上がらないように。
足の裏全体を
床につける。

STEP 2

胸を張り、肩甲骨を寄せたまま片方のひざを曲げ、体重をかけていきます。足の裏をしっかり床につけ、かかとと母指球に体重がのるようにしましょう。３秒かけてひざを曲げ、３秒かけて戻します。反対側も同様に行い、左右1セットで1回とカウントしましょう。 回数：10回

《 次のページからはお悩み別に効果的なエクササイズを紹介します！

お悩み

1 首が短く見える

鏡で自分の姿を見るときは気にならなくても、
写真で見ると体のバランスの悪さに気づくことがありませんか？

結婚式の写真
サオリってこういうワンピース似合うよね
かっこい〜♡
ありがと
首が短いからこういうとき着られるドレス限られるんだよね…
Vネックじゃないと詰む!!
むちっ…
ん…？
ちょっと待って！
なんか私…首全然なくない!?
ガーン!!
首が前に出ている

首が短く見える原因は？

お悩み率NO.1

ストレート

上半身がガッチリしているストレートさんは、普段から首や肩まわりに力が入りがちです。肩まわりがちぢこまっている人はとくに、首から肩にかけての僧帽筋《そうぼうきん》が発達し、首が太く短く見えてしまっている可能性があります。ストレッチで首すじをしっかり伸ばし、硬くちぢこまった筋肉をほぐしてあげましょう。そうすることで、首すじのラインが美しくなっていきます。

ウェーブ

ウェーブさんに多いのがストレートネック。スマホの見すぎなどが原因で首が前に出て、結果として首が短く見えてしまっているのです。ストレートネックを改善するストレッチを行い、首の位置を正しい場所に戻していきましょう。

ナチュラル

ナチュラルさんにもストレートネックは多く見られます。背筋が少ないナチュラルさんは猫背になりやすく、背中が丸まると同時に首が前に出てストレートネックになってしまうのです。また、比較的筋肉質なナチュラルさんのなかには、ストレートさん同様に僧帽筋が発達している人も見られます。

＼ 首の筋肉の張りをなくす ／

首すじのストレッチ 横

イタ気持ちいいところで
ストップ！ 無理に伸ばす
のはNGです

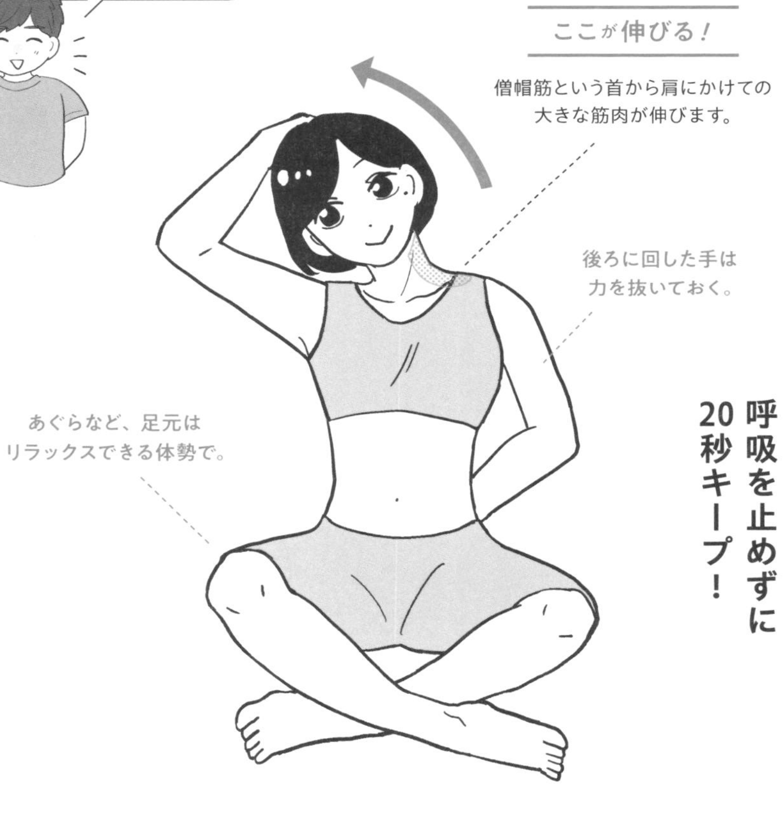
ここが伸びる！
僧帽筋という首から肩にかけての
大きな筋肉が伸びます。
後ろに回した手は
力を抜いておく。
あぐらなど、足元は
リラックスできる体勢で。
呼吸を止めずに
20秒キープ！

STEP 1

片手を体の後ろに回して肩が上がらないようにしたら、後ろに回した手とは反対の手で頭を押さえ、ゆっくりと首を真横に倒します。呼吸を止めず、20秒ストレッチしましょう。

僧帽筋《そうぼうきん》、肩甲挙筋《けんこうきょきん》を伸ばし、首から肩にかけての筋肉の張りを目立たなくしていきます。

ストレート

におすすめ！

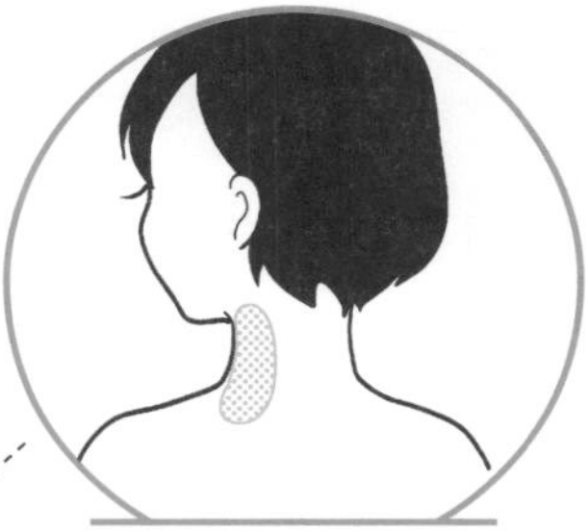

ここが伸びる！

肩甲挙筋という
首のやや後ろ側にある
筋肉が伸びます。

同じく20秒キープ！

STEP1、2とも
立った状態で
行ってもOK。

STEP 2

1の状態から、ななめ下を向くように首すじを伸ばします。首のななめ後ろが伸びるのを感じながら20秒ストレッチ。反対側も同様に、**1**～**2**の流れで伸ばしましょう。

＼ストレートネックの予防・改善に！／

首すじのストレッチ 上

硬くなった**胸《きょう》鎖《さ》乳《にゅう》突《とつ》筋《きん》**をほぐすことで、
ストレートネックや猫背の改善につながります。

ウェーブ
ナチュラル
におすすめ！

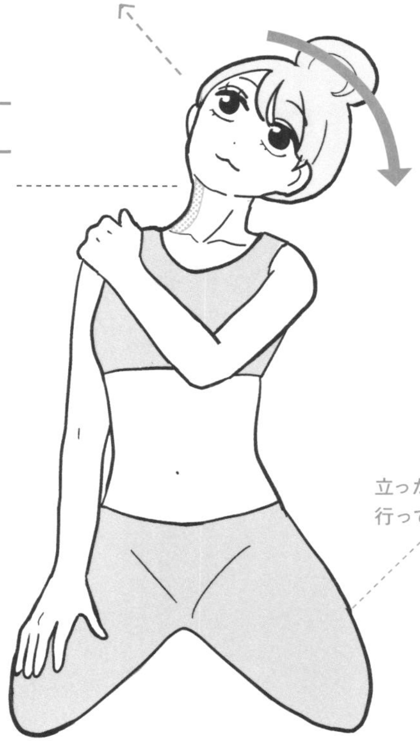

頭を真横に倒してから
上を見上げるように頭を後ろへ。
ここが伸びる！
首の前側の
大きな筋が伸びます。
呼吸を止めず
20秒キープ！
立った状態で
行ってもOK。

STEP 1

肩が上がらないように手で押さえ、頭を真横に倒します。その状態から上を見上げるように頭を後ろに倒し、20秒ストレッチ。反対側も同様に行いましょう。

MORE LESSON

あわせてやってみよう！

首すじのマッサージ

忙しいときはお手軽なマッサージで胸鎖乳突筋をほぐしましょう。
胸鎖乳突筋がほぐれると、首すじのラインが
美しくなるのはもちろん、鎖骨がきれいに出たり、
バストアップにつながったりと、うれしい効果がたくさんあります。

1

体を正面に向けたまま顔だけ横に向けると、首の筋が浮き上がります。これが胸鎖乳突筋です。

2

親指と人差し指で胸鎖乳突筋をつまみ、あごのあたりから鎖骨付近までまんべんなくもみほぐしましょう。反対側も同様に、20秒くらいずつマッサージします。

軽くつまむくらいでOK！
毎日つづけるのが効果的です

お悩み

2

肩がガッチリしている

肩幅が気になってパフスリーブが着られない……
そんなお悩みを持っている人が多いようです。

肩がガッチリする原因は？

お悩み率NO.1

ストレート

首から肩、さらには背中の筋肉が硬くなっていると、無意識に肩まわりに力が入り、肩が上がってしまいます。つねに肩が上がっている状態では、肩がガッチリ見えてしまうのも納得ですね。肩の力が抜けて自然にストンと落ちるように、ガチガチになった背中をストレッチしましょう。また、首が短く見えると相対的に肩幅が広く見えてしまうので、62ページのストレッチもあわせて行ってみてください。

ナチュラル

ナチュラルさんにも肩幅で悩んでいる人が多いです。ナチュラルさんは肩甲骨や肩の骨が大きいのでどうしても肩まわりにボリュームが出てしまいがちなのです。骨のまわりに余計な筋肉がつかないよう、背中のストレッチを念入りに行いましょう。骨の太さは変えられないので、骨感を強調しないようなファッションを心がけることも大切です。

ウェーブ

比較的上半身が華奢なウェーブさんは、肩幅についてのお悩みは少ない傾向にあります。ストレートネックや猫背を改善するストレッチのほうを重点的に行いましょう。

＼上がった肩をストンと落とす／

背中を丸めるストレッチ

胸椎とは、首から
腰まで通っている背骨のうち、
胸の後ろの部分のことを指します

胸椎
両手は軽く重ねる。

STEP 1

壁の前にひざ立ちし、両手を壁にあてます。このとき、ひじは曲げずにまっすぐ腕を伸ばしましょう。

硬くなっている胸椎《きょうつい》のまわりの筋肉がほぐれると、上がっていた肩が下がってきます。

ストレート

ナチュラル

におすすめ！

ここが伸びる！
背骨が丸まり、
背中全体が伸びます。
両手で壁を押す。
ひじが曲がらないように
注意する。

3秒かけて背中を丸め
3秒かけてもとに戻す

STEP 2

両手で壁を押しながら、おへそをのぞきこむイメージで背中を丸めましょう。息を吐きながら背中を丸め、吸いながら**1**の姿勢に戻ります（これで1回）。この動作を繰り返します。 回数：10回

お悩み

3 猫背が気になる

ふとしたときに撮られた写真を見てびっくり！
こんな経験のある人も多いのではないでしょうか。

はーい
撮るよ〜♪
あ！ ゴメン
撮り直していい？
私めっちゃ
猫背になってた！
いいよ〜
今まで意識して
なかったけど
私も姿勢
悪いんじゃ…
不安になってきた…
ウソッ
こんなに
猫背だったの!?
もさぁ…
特に不意打ちの写真がエグい!!(泣)
もさぁ…
他撮りと自分の
理想の差がひどい

猫背になる原因は？

お悩み率 NO.1

ナチュラル

猫背のおもな原因は、背中が硬いこと、背中の筋肉をうまく使えていないことです。とくに筋肉が少ないナチュラルさんには猫背に悩む人が多く、そのほとんどが肩が内側に入りこむ「巻き肩」状態になっています。まずはストレッチで背骨の可動域を広げ、その後、背中のエクササイズで正しい姿勢をキープできる筋力をつけましょう。普段から背すじを伸ばすことを意識して生活することも大切です。

ウェーブ

ナチュラルさん同様、背中の筋肉が少ないので猫背になりがち。ウェーブさんに注意してほしいのが、猫背や巻き肩はバストが下がって見える原因にもなるということです。ストレッチや筋トレで猫背が改善すると、自然とバストアップした印象になります。

ストレート

ストレートさんの場合、前傾した骨盤に対してバランスをとるために猫背・巻き肩になってしまっている人が多いです。上半身にボリュームが出やすいストレートさんが巻き肩だと、さらに肩幅が広く見えてしまいます。ストレートさんには、筋トレよりもストレッチをおすすめします。

＼ 背中の筋肉の硬さを解消！ ／

背骨を動かすストレッチ

背骨の動きを意識して
ほしいのですが、集中しすぎて
呼吸を止めないようにしてくださいね！
お腹の下に
四角形の空間を
つくるイメージ。

STEP 1

両ひざと両手をついた姿勢に。両手両ひざとも、肩幅くらいに開いてください。このとき、両手は肩の真下に、両ひざは股関節の真下にくるようにしましょう。

背骨をゆっくりと動かし、胸椎《きょうつい》の可動域を広げます。
肩こりの改善にもおすすめです。

全タイプ
におすすめ！

ここが伸びる！

背骨が丸まり、
背中全体が伸びます。

息を吐きながら丸めて…

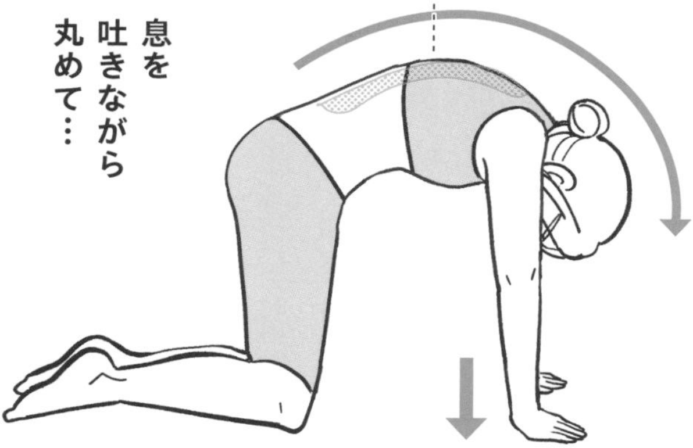

STEP 2

1の状態から、おへそをのぞきこむようにして背中を丸めます。両手で床を押しながら、３秒ほどかけてストレッチしましょう。ゆっくり息を吐き出すのを忘れずに。

STEP 3

息を吸い、肩甲骨を寄せながら上体を起こし、背中を反らします。顔は自然に正面を向きます。このときも3秒ほどかけてゆっくり背中を反らしてください。**2**～**3**の動作を繰り返しましょう。

回数：10回

ここが伸びる！

背中から腰に
かけてが伸びます。

背中や腰が
痛まない程度に
反らす。

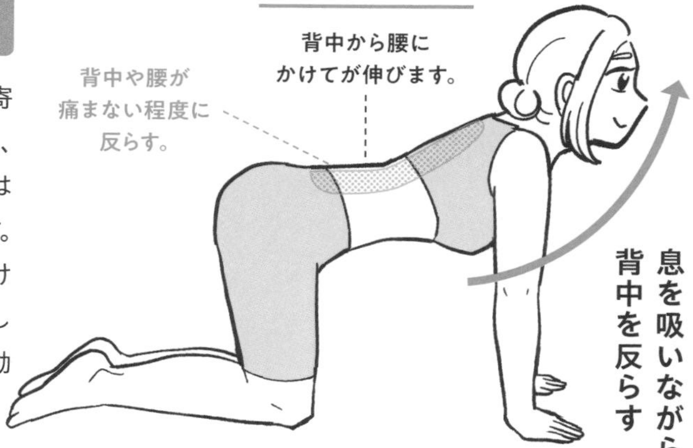

息を吸いながら背中を反らす

＼猫背・巻き肩の改善に／

胸を広げるストレッチ

バストのラインをきれいに
見せる効果もあるストレッチです

背中が丸まらないよう注意。
両手の間隔は
肩幅くらいに。
ひじをまっすぐ伸ばす。

STEP 1

正座の状態から両手を前についてスタンバイ。あごは軽く引いておきます。

胸椎《きょうつい》の可動域を広げると同時に、胸を開いて巻き肩も改善していきます。

ナチュラル

ウェーブ

におすすめ！

息を吸いながら
胸を開くように腕を上げ
吐きながら戻す

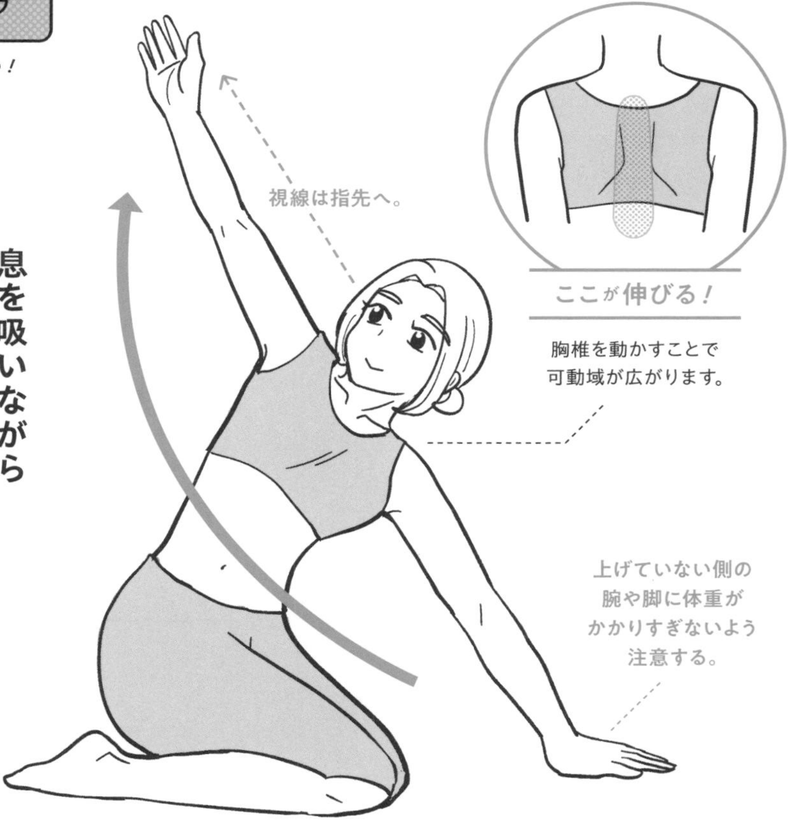

視線は指先へ。
ここが伸びる！
胸椎を動かすことで
可動域が広がります。
上げていない側の
腕や脚に体重が
かかりすぎないよう
注意する。

STEP 2

片方の腕をもう片方の腕の対角線上へ。２秒ほどかけてゆっくり胸を開き、背骨をストレッチします。同じく２秒ほどかけて腕をおろし、**1**の体勢に戻りましょう。**1**～**2**の動きを10回繰り返し、反対側も同様に行います。 回数：左右10回ずつ

＼猫背改善のための筋肉をつける／

背中のエクササイズ

腰を反ってしまうと
腰や背中を痛めてしまうので
注意してくださいね

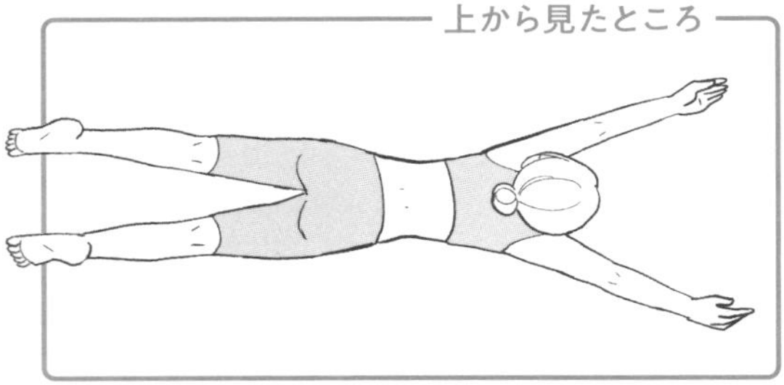
上から見たところ

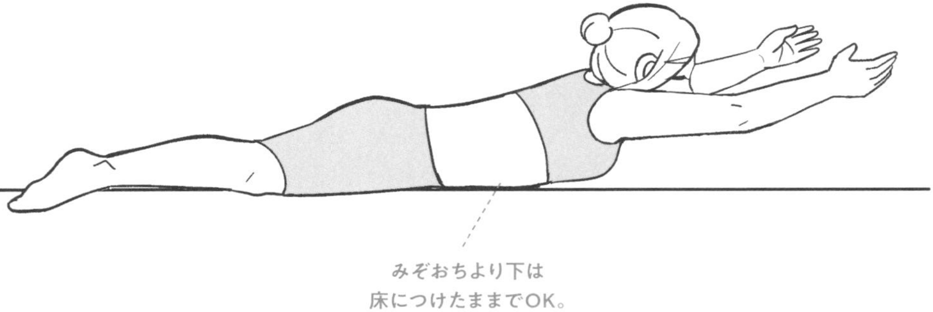
みぞおちより下は
床につけたままでOK。

STEP 1

うつぶせになり、足を肩幅くらいに開きます。上半身を少し床から浮かし、腕をYの字に開いて伸ばしましょう。親指を上に向けるのがポイントです。

僧帽筋下部《そうぼうきん》を鍛え、背中の筋肉をしっかり
使えるようにするためのエクササイズです。

ナチュラル

ウェーブ

におすすめ！

息を吸いながら腕を上げて3秒キープ！

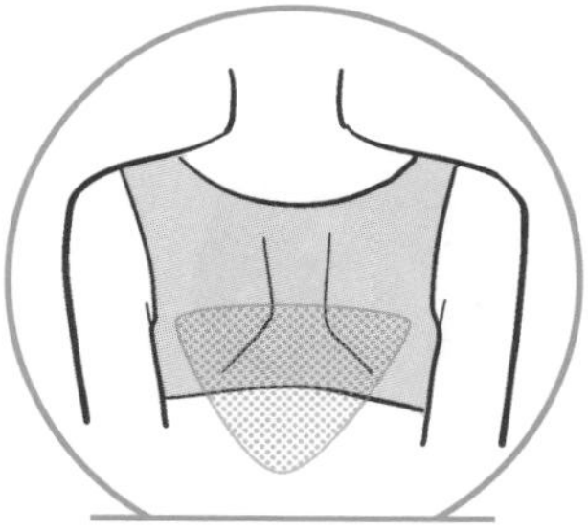

ここに効く！

肩甲骨のまわりについている
僧帽筋下部に効きます。

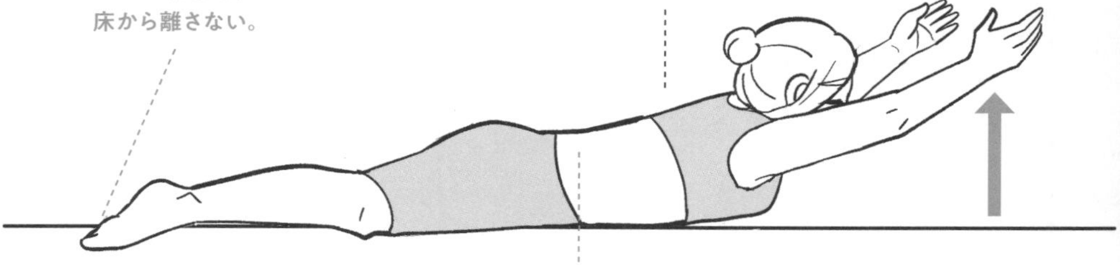
足はつま先まで
ピンと伸ばし、
床から離さない。
腰が反らないよう注意。

STEP 2

上半身を浮かせたまま、息を吸いながら腕を耳の横あたりまで上げ、3秒キープ。その後、息を吐きながら**1**の位置まで腕を下ろします。**1**～**2**の動作を繰り返しましょう。はじめのうちは5回。慣れてきたら徐々に回数を増やしてください。

回数：5回～

お悩み

4 二の腕が太い

肌の露出が増える季節、ふとしたときに気になる二の腕の太さやたるみ。夏を迎える前に対策しましょう。

二の腕が太くなる原因は？

お悩み率NO.1

ストレート

もともと腕の筋肉がしっかりしているストレートさんは、二の腕にもボリュームが出てしまいがち。上腕三頭筋《じょうわんさんとうきん》など、腕の筋肉の張りが原因なので、エクササイズで筋肉を鍛えるよりもストレッチで張りをやわらげる必要があります。二の腕の張りがなくなると、上半身全体がほっそりした印象になります。毎日短時間ずつでも、地道にストレッチをつづけてください。

ウェーブ

筋肉量が少なく猫背ぎみなウェーブさんのなかには、上腕三頭筋をうまく使えていない人がたくさんいます。上腕三頭筋を使わないと、二の腕にどんどん脂肪がついてタプタプ状態に……。まずは普段から上腕三頭筋を使えるようになることが大切です。ストレッチと筋トレをバランスよく行い、たるみを解消していきましょう。

ナチュラル

肩の骨がしっかりしているぶん、二の腕が太くなると肩まわり全体がガッシリしてしまいがち。二の腕が引きしまると、肩の骨も美しく見せることができるので、気になる人は83ページのエクササイズを行ってみましょう。

＼ 二の腕の張りがすっきり！ ／

二の腕のストレッチ

ストレートさんの二の腕は
毎日のストレッチですっきりしていきますよ。
コツコツつづけることが大切です！

背中が丸まったり、
前かがみになったり
しないよう注意する。
立ったままでもOK。

STEP 1

立ちひざなどのリラックスできる体勢で、背すじを伸ばします。片方の腕を曲げ、頭の後ろで曲げた腕のひじを反対側の手でつかみます。

上腕三頭筋《じょうわんさんとうきん》の張りをやわらげて腕をすっきりさせるほか、
巻き肩改善にも効果的なストレッチです。

ストレート

ウェーブ

におすすめ！

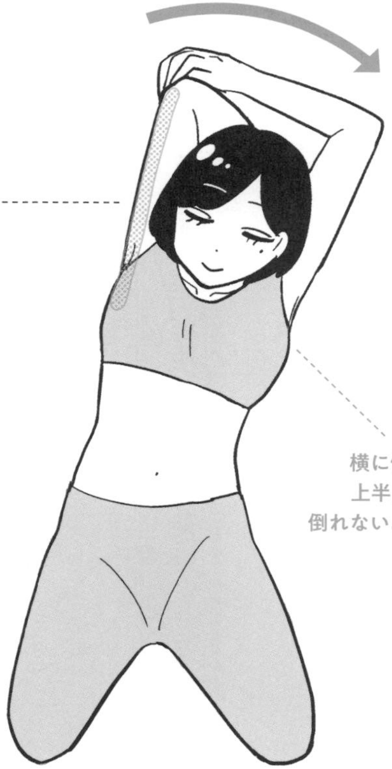

呼吸を止めずに
20秒キープ！

ここが伸びる！

ひじからわきの下にかけての広い範囲が伸びます。

横に倒すとき、上半身が前に倒れないよう注意する。

STEP 2

ひじをつかんだまま、上半身を横に倒します。二の腕からわきの下が伸びるよう、ぐっとひじを引っぱりましょう。自然な呼吸をつづけながら20秒ストレッチ。その後、左右を入れ替えて同様に行ってください。

＼ 二の腕のたるみを解消！ ／

二の腕のエクササイズ

上腕三頭筋《じょうわんさんとうきん》を鍛えて、二の腕のたるみを
なくしていくエクササイズです。

ウェーブ
におすすめ！

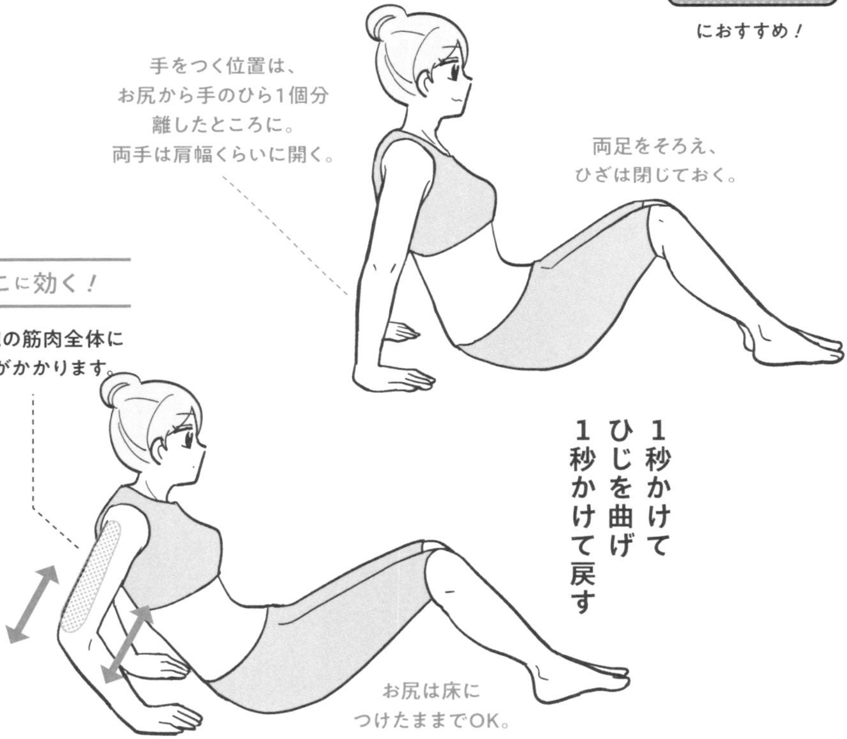
手をつく位置は、
お尻から手のひら1個分
離したところに。
両手は肩幅くらいに開く。
両足をそろえ、
ひざは閉じておく。
ここに効く！
二の腕の筋肉全体に
負荷がかかります。
1秒かけて
ひじを曲げ
1秒かけて戻す
お尻は床に
つけたままでOK。

STEP 1

三角座りの状態から、指先をお尻のほうへ向けて両手を後ろにつき、ひじを後ろに引くように曲げて体重をかけます。このとき、ひじが外側に開かないよう注意しましょう。その後、ひじを伸ばしながらもとの体勢に。この動作を連続で20回、慣れてきたら30回を目標に行ってください。 回数：**20**回～

MORE LESSON

二の腕の引きしめ＆巻き肩対策に！

腕ひねりエクササイズ

82ページと同様、上腕三頭筋を鍛えるエクササイズです。
上腕三頭筋を鍛えることは、二の腕を引きしめて
腕をほっそり見せられるだけでなく、巻き肩の改善にもつながります。
余裕があるときは、こちらもあわせてやってみましょう。

1

正座で座り、上半身を少し前に傾けます。ひじを曲げて腕を少し後ろに引き、肩甲骨を寄せた状態がスタートの姿勢です。

2

1の姿勢から、手のひらを外側にかえしながら腕をひねって後ろへ。このとき、ひじを伸ばし親指が上を向くようにします。**1〜2**の動きを連続で20〜30回行いましょう。

ちょっと負荷を上げたいときは、
ペットボトルを持って行うのもおすすめ。
呼吸も忘れないでくださいね！

お悩み

5 下腹がぽっこり

ぽっこりお腹の原因は、食べすぎだけではありません。猫背や反り腰など姿勢の悪化も原因になりうるので、対策が必要です。

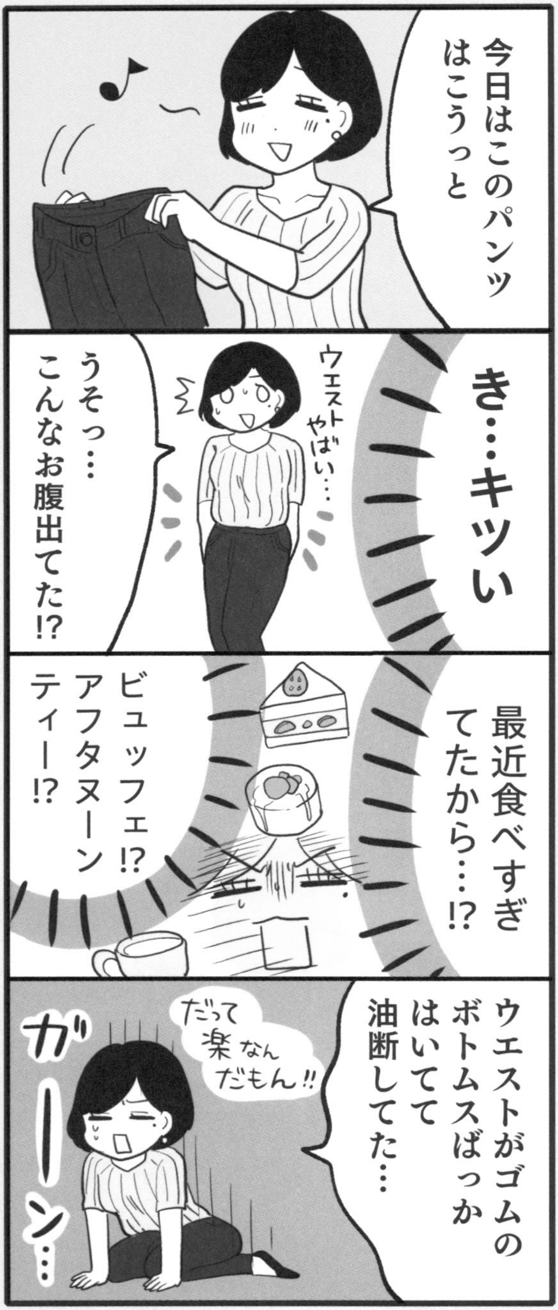

下腹がぽっこり出る原因は？

ぽっこり出た下腹が気になるというのは、3タイプに共通するお悩みです。食べすぎによる脂肪の蓄積のほかにも、冷え、便秘、筋肉の衰え、内臓機能の低下など、さまざまな要因が考えられます。これらの要因を引き起こす大もとになっているのが、「反り腰」をはじめとした姿勢の悪化です。反り腰への一番の対策は、インナーマッスル（深層筋《しんそうきん》）を鍛えること。インナーマッスルを鍛えると、内臓を支えられる筋力がつき、下腹のぽっこり感が解消されます。また、骨格タイプごとに腰の反り方は若干異なります。おもに次のような傾向があるので、参考にしてください。

ストレート

腰が反って上半身がぐっと前に出てしまっている人が多く見られます。体型が崩れるだけでなく、腰痛の原因にもなりかねません。

ウェーブ

猫背が原因となり、骨盤が足よりも前に出てしまう「スウェイバック」の人が多いです。腰まわりの筋力が低下して、お尻が垂れる原因になってしまうこともあります。

ナチュラル

比較的筋肉質な人は前傾の反り腰に、猫背の人はスウェイバックになる人が多く、ナチュラルさんのなかでも二分されます。

＼ぽっこりお腹と反り腰対策／

背中を丸めるストレッチ

背中から腰の筋肉をゆるめながら
お腹のインナーマッスルにも効く
一石二鳥のエクササイズです！
両手は重ねるか、
三角形をつくる
イメージで床につく。

STEP 1

正座で座り、前かがみになって両手を床に置きます。お尻は若干浮かせてOK。背中の力を抜いてリラックスしましょう。

背中や腰をストレッチしつつ、お腹のインナーマッスルを使う感覚をつかんでいきます。

ストレート

におすすめ！

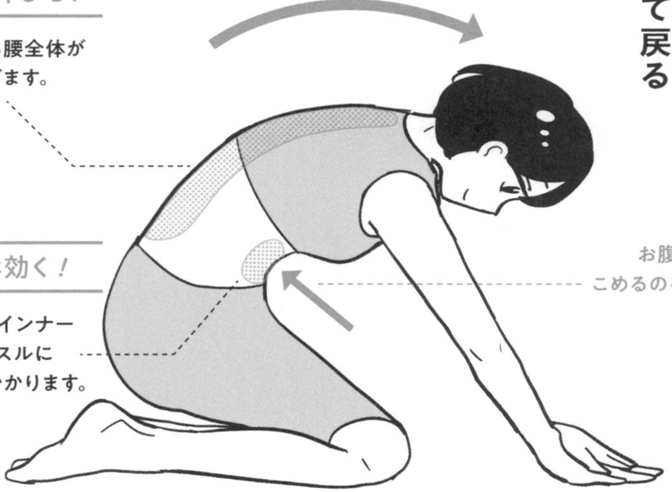
3秒かけて背中を丸めて3秒かけて戻る
ここが伸びる！
背中から腰全体が伸びます。
ここに効く！
お腹のインナーマッスルに負荷がかかります。
お腹に力をこめるのを忘れずに！

STEP 2

息を吐きながら、ゆっくり背中を丸めていきます。このとき、お腹をぐっとへこませるイメージで力を入れると、インナーマッスルにも効かせることができます。その後、息を吸いながらゆっくり**1**の姿勢に戻りましょう。**1**～**2**の動作を繰り返します。

回数：10回

＼ ぽっこりお腹に効果アリ！ ／

インナーマッスルを鍛える①

「ドローイン」と呼ばれる、
呼吸で腹横筋を鍛える方法です。寝て行うと
お腹の動きがわかりやすくておすすめですが、
体を起こした状態でやってもOKです！

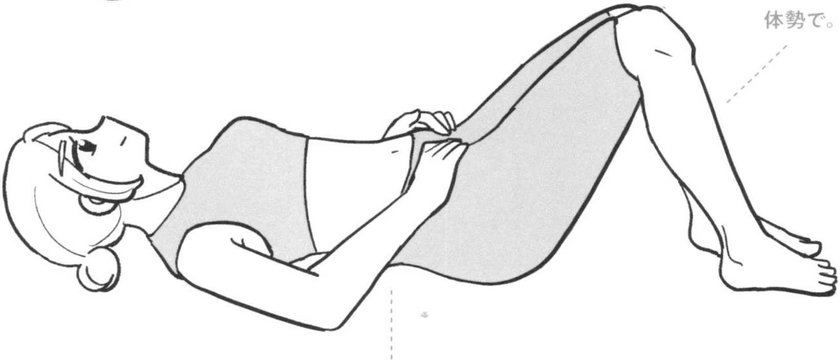
足は軽く開いてもOK。
リラックスできる
体勢で。
床と腰のすき間に手が入る人は
反り腰の可能性大！

STEP 1　あお向けに寝て、ひざを立てます。背中全体を床につけ、両手は軽く下腹に当てておきましょう。

お腹のインナーマッスルにアプローチ。
ぽっこりお腹が解消されていきます。

全タイプ

におすすめ！

息を吸いながら
お腹を
ふくらませる

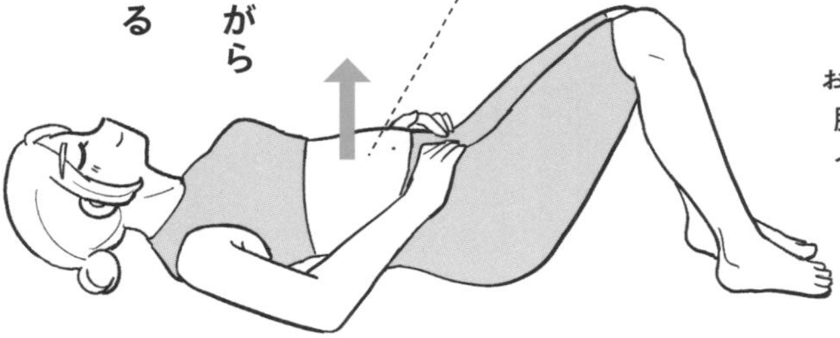

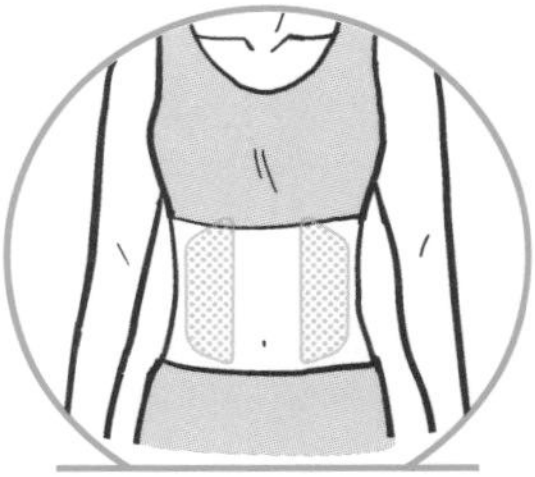

ここに効く！

お腹を両側から包みこんでいる
腹横筋（ふくおうきん）という
インナーマッスルに効きます。

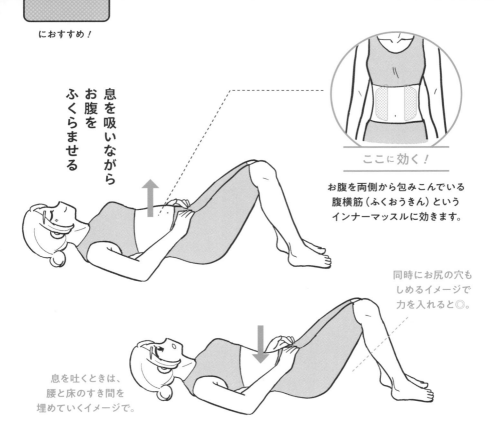

同時にお尻の穴も
しめるイメージで
力を入れると◎。

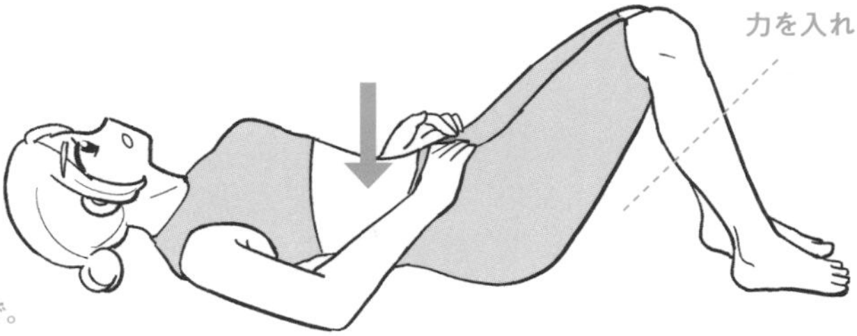

息を吐くときは、
腰と床のすき間を
埋めていくイメージで。

STEP 2

鼻から大きく息を吸い、おへそを持ち上げるつもりでお腹をふくらませます。その後、5秒ほどかけて口からゆっくり息を吐きながらお腹に力を入れ、限界までへこませましょう。これを5回ほど繰り返します。 回数：5回

＼ やや難易度アップ！ ／

インナーマッスルを鍛える②

STEP 1

あお向けになり両手と両足を上へ。ひざは90度に曲げてつま先を伸ばします。一度深く息を吐き、腰を床につけましょう。お腹には力を入れておきます。

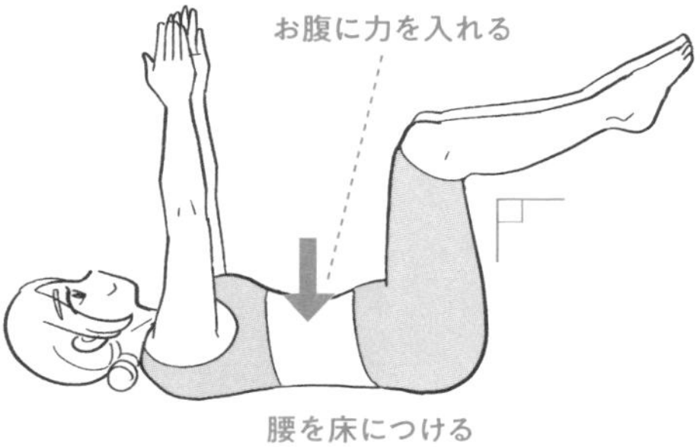
お腹に力を入れる
腰を床につける

息を吸いながら足を下ろす

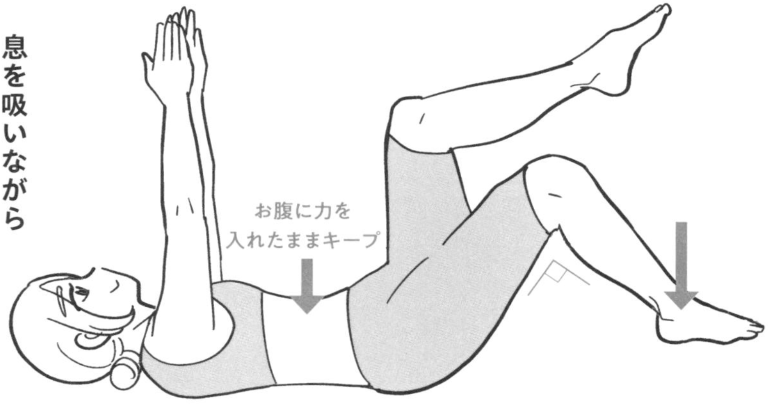
お腹に力を
入れたままキープ

STEP 2

ひざの角度は90度をキープしたまま、片方の足を下ろします。息を吸いながらゆっくりと。このとき、お腹の力が抜けて腰が反ってしまわないよう注意しましょう。

88ページよりも負荷が高く難易度は上がりますが、より効果的に
インナーマッスルを鍛えられます。

全タイプ
におすすめ！

STEP 3

息を吐きながら下ろした足を持ち上げ、**1**の姿勢へ。腰を痛めないように、背中をしっかり床につけておきましょう。

吐きながら足を持ち上げる

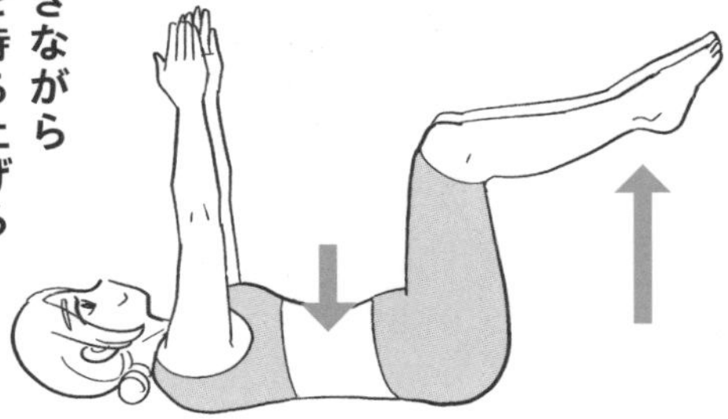

ここに効く！

お腹のインナーマッスル全体に効きます。

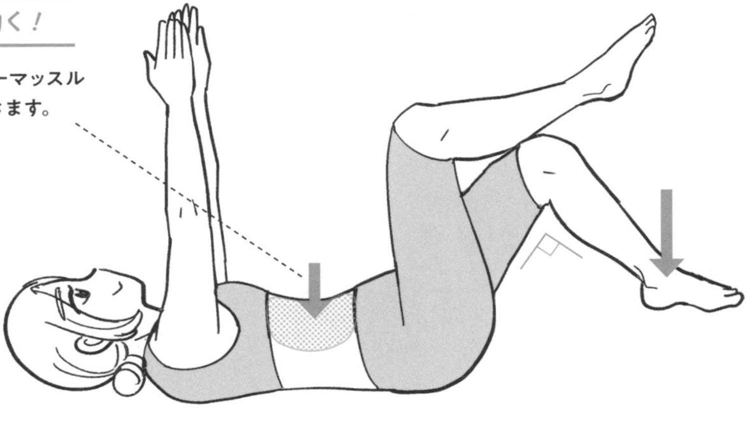

STEP 4

息を吸いながら反対側の足を下ろします。このように、左右の足を交互に下げては上げる動作を繰り返しましょう（**1**～**4**で1回）。きつい場合は、腕を上げずに行ってもOKです。 回数：10回

お悩み 6

くびれができない

ウエストが細くならない、くびれがない……。
その原因は、肋骨にあるかもしれません。

くびれができない原因は？

お悩み率NO.1

ストレート

ウエストが太く見える原因のひとつとして、肋骨の開きが考えられます。反り腰の人が多いストレートさんによく見られるのは、腰が反って肋骨が前に突き出して(開いて)しまっているパターン。肋骨が正しい位置に戻らないと、美しいくびれができません。また、上半身の筋肉がこり固まって肩で呼吸する状態がつづくと、肋骨が持ち上がってしまい、これもウエストが太くなる原因になります。

ナチュラル

ナチュラルさんにも肋骨が開いてしまっている人は非常に多いです。ナチュラルさんは骨格的にもあまりウエストにメリハリがないので、肋骨が開くとより太く見えてしまいがち。肋骨をしめるエクササイズの後、くびれをつくるエクササイズできれいなボディラインをつくりましょう。

ウェーブ

猫背などが原因でお腹まわりの筋肉が弱くなっている人が多く、ウエストに浮き輪のようなお肉がついてしまっていることも！　98ページのくびれをつくるエクササイズを行いつつ、姿勢の改善も心がけていきましょう。

＼肋骨を動かし閉じやすくする／

背中と肋骨のストレッチ

美しいくびれをつくる
第一歩です！

お尻は床から
浮いてOK。
手をつく位置は
お尻の真横よりも
やや後ろに。

STEP 1

ひざを曲げて座り、片足は後ろへ。反対側の手を床につき、もう片方の手はひじを曲げて頭の後ろに当てます。

肋骨《ろっこつ》を動かすことで可動域が広がり、肋骨が閉じやすくなります。

ストレート

ナチュラル

におすすめ！

STEP 2

ひじで大きく弓なりの軌道を描くように、ウエストをひねってかがみこみます。

ここが伸びる！

脇腹から
わきの下にかけての
筋肉が伸びます。

息を吐きながら3秒かけてかがむ

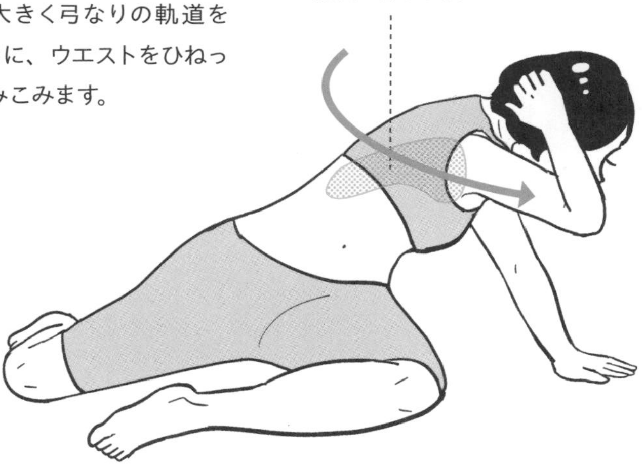

ここが伸びる！

肋骨の間についている
肋間筋（ろっかんきん）が
伸びます。

息を吸いながらもとに戻す

STEP 3

もう一度ひじでカーブを描きながらもとの位置に戻ります。息を大きく吸いながら戻りましょう。**2**～**3**の動作を繰り返した後、反対側も同様に行ってください。

回数：左右**5**回ずつ

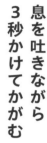

＼肋骨を正しい位置に戻す／

肋骨をしめるエクササイズ

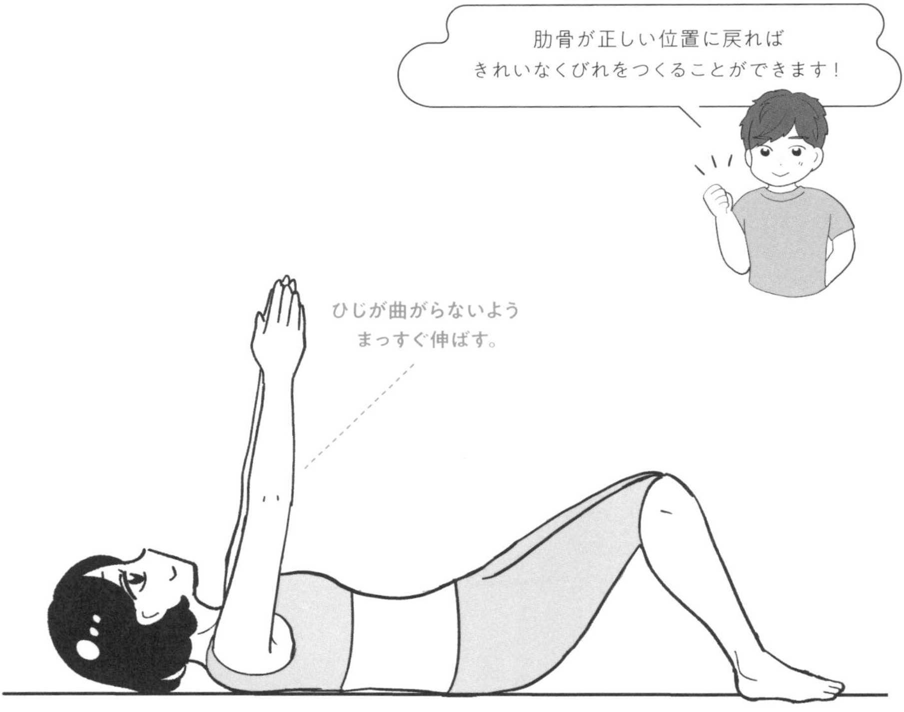
肋骨が正しい位置に戻れば
きれいなくびれをつくることができます！
ひじが曲がらないよう
まっすぐ伸ばす。

STEP 1

あお向けの状態でひざを立て、両手を合わせてまっすぐ上へ伸ばします。背中はぴったり床につけておきましょう。

腹斜筋《ふくしゃきん》という腹部の筋肉を鍛え、開いた肋骨を
正しい位置に戻していくエクササイズです。

ストレート

ナチュラル

におすすめ！

息を吐きながら肩甲骨を浮かせる

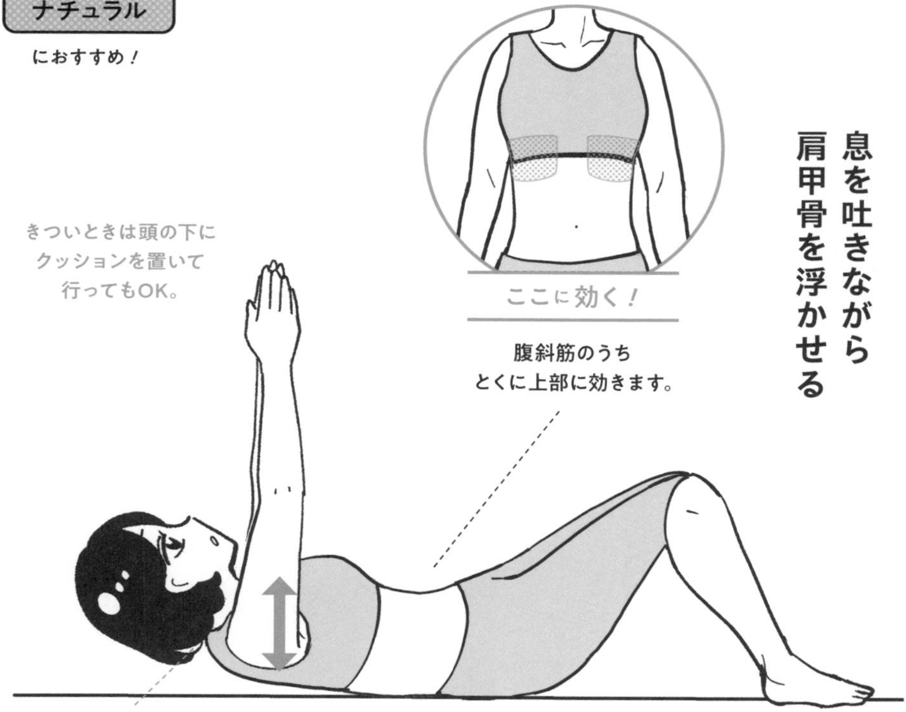

ここに効く！
腹斜筋のうち
とくに上部に効きます。
きついときは頭の下に
クッションを置いて
行ってもOK。
首の力で起き上がろうとすると、
首を痛めてしまうので注意。

STEP 2

お腹の力を使って体を持ち上げます。背中の下部は床につけたまま、肩甲骨のあたりが浮けばOKです。息を吐きながら3秒ほどかけて持ち上げ、吸いながら3秒ほどかけて戻す。この動きを繰り返しましょう。 回数：5回

＼ 引きしまったウエストを目指す！ ／

くびれをつくるエクササイズ

STEP 1

あお向けの状態で両手と両足を上へ。ひざを90度に曲げてつま先を伸ばします。一度深く息を吐き、腰が浮かないよう背中を床にしっかりつけましょう。

背中を床につける。

息を吐きながら体を起こす

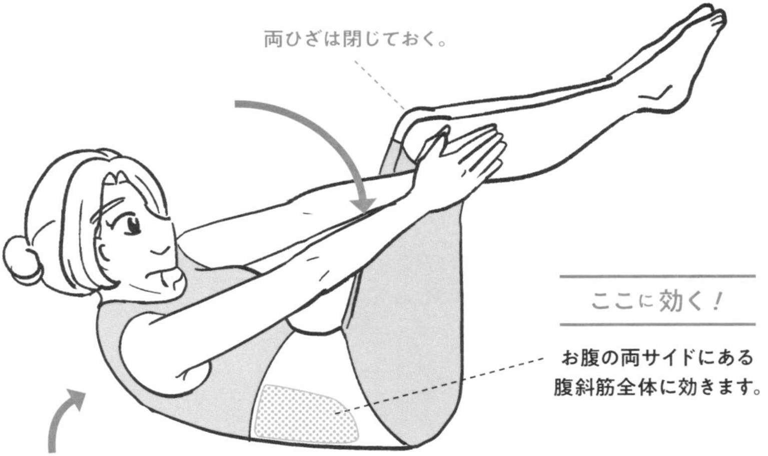
両ひざは閉じておく。
ここに効く！
お腹の両サイドにある腹斜筋全体に効きます。

STEP 2

両手をひざの外側目指して下ろし、ウエストをひねりながら上半身を起こします。足の位置は動かさないよう注意しましょう。

お腹の両側にある**腹斜筋**《ふくしゃきん》を鍛え、
きれいなくびれをつくるエクササイズです。

ナチュラル

ストレート

におすすめ！

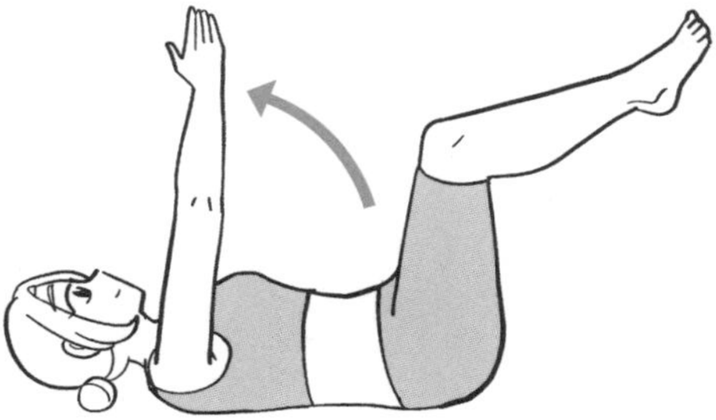

STEP 3

息を吸いながら上半身と腕をもとの位置へ戻します。腰が反らないように、背中は床にぴったりつけましょう。

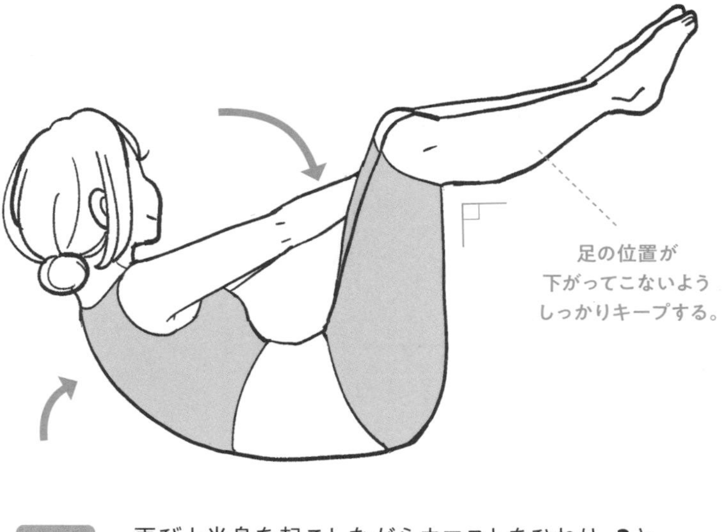
足の位置が
下がってこないよう
しっかりキープする。

STEP 4

再び上半身を起こしながらウエストをひねり、**2**とは反対方向に両手を下ろします。その後、**1**の体勢へ（呼吸は**2**～**3**と同時に）。**1**～**4**の一連の動きを1回とし、繰り返しましょう。 回数：**5**回

お悩み

7 お尻が広がる・垂れる

お尻が大きく広がってしまったり、垂れてしまったり。
ウェーブさんにとくに多いお悩みです。

モモちゃんプロデュースのパンツかわいい！
さっそく着てみよっと
届いた〜♡
持ってるトップスと合わせてみよ〜♪
あれっ…
パツパツ
やたらお尻が大きく見える
現実
モモちゃんがはいてるとかわいいのに〜
理想
ゆとりがある

お尻まわりのお悩みの原因は？

お悩み率 NO.1

ウェーブ

お尻が横に広がって見える、垂れて脚が短く見えるなど、ウェーブさんはお尻の形で悩む人が多い傾向にあります。筋肉が少なく脂肪がつきやすいうえ、華奢な上半身に対して下半身のボリュームが目立ちやすいのです。また、骨盤が前に出てしまうスウェイバックの状態もお尻が垂れて見える原因になるので、猫背や反り腰も改善しながら、エクササイズで引きしめていきましょう。

ナチュラル

ナチュラルさんの場合、お尻に脂肪が少なく、ペタンとまっすぐなラインが気になるという人が多いようです。エクササイズで大殿《だいでん》筋《きん》を鍛えると、丸みのあるラインをつくれます。また、112ページのランジなどもヒップアップに効果的です。

ストレート

骨格的に、もともとお尻に立体感があるストレートさんですが、筋肉が硬くなり、いわゆる「ピーマン尻」と言われるような、四角くへこみのあるお尻になってしまっている人も多いです。ストレッチでお尻をしっかり伸ばしてから、大殿筋、中殿筋《ちゅうでんきん》などを鍛えるエクササイズを行いましょう。

＼硬くなったお尻をほぐす／

お尻のストレッチ

大殿筋《だいでんきん》を伸ばす

STEP 1

片足を前に出し、ひざを曲げます。ひざの角度は90度が理想ですが、無理のない範囲でOKです。もう片方の足もひざを曲げて後ろへ。

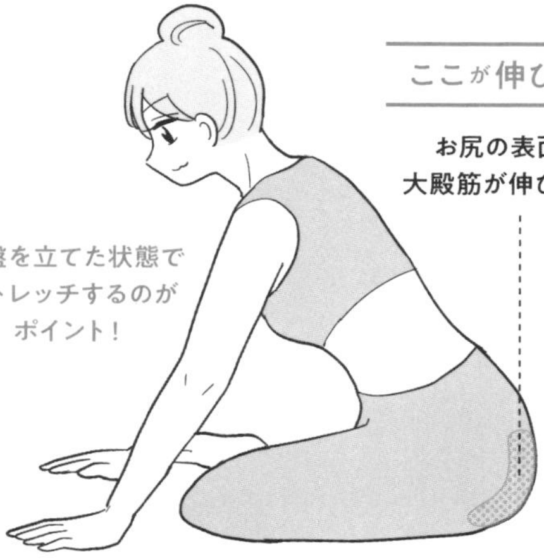
ここが伸びる！
お尻の表面の
大殿筋が伸びます。
骨盤を立てた状態で
ストレッチするのが
ポイント！

STEP 2

上半身をまっすぐ前に倒します。背すじを伸ばし、お尻の筋肉が伸びるのを感じながら20秒ストレッチ。骨盤を立ててお尻が浮かないようにしましょう。左右の足を替えて同様に行います。

お尻の表面にある大きな筋肉・**大殿筋《だいでんきん》**と、
横にある**中殿筋《ちゅうでんきん》**を伸ばし、お尻の硬さをほぐします。

全タイプ

におすすめ！

中殿筋《ちゅうでんきん》を伸ばす

STEP 1

片足はひざを倒して前に出し、もう片方の足はひざを立て、クロスさせます。

足をクロスさせるときは
体から離した位置に
手をつくとやりやすい。

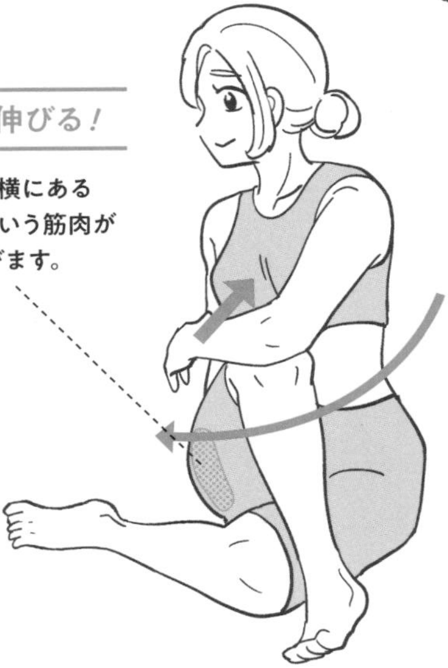

ここが伸びる！

**お尻の横にある
中殿筋という筋肉が
伸びます。**

STEP 2

立てたひざを反対の腕で抱えてお腹に引き寄せながら、後ろを振り返るように腰をひねります。お尻の側面が伸びるのを感じながら、20秒ストレッチ。反対側も同様に行いましょう。

＼お尻が垂れるのを防ぐ／

もも裏のストレッチ

もも裏を伸ばすことは、腰痛の予防や改善にもつながるんですよ！
背中が丸まらないよう注意する。
骨盤を立てる。
両手の間隔は肩幅くらい。

STEP 1

片ひざを立て、両手は正面の壁につきます。背すじを伸ばし、骨盤も立てておきましょう。

ハムストリングスと呼ばれる**大腿《だいたい》二頭筋《にとうきん》**、**半膜《はんまく》・半腱様筋《はんけんようきん》**を伸ばすストレッチです。

ウェーブ

ナチュラル

におすすめ！

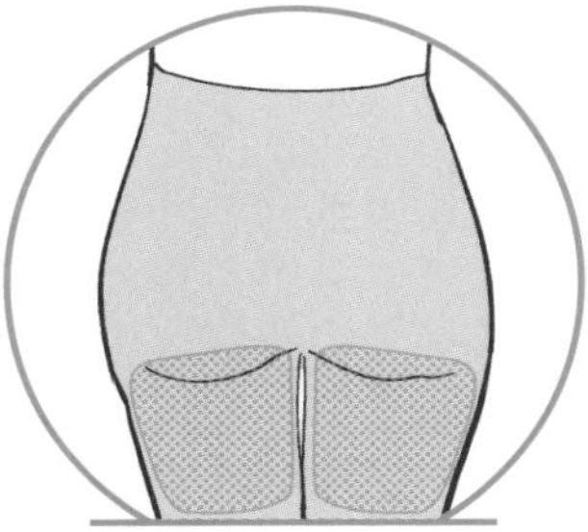

ここが伸びる！

お尻からももの裏にかけての
筋肉が伸びます。

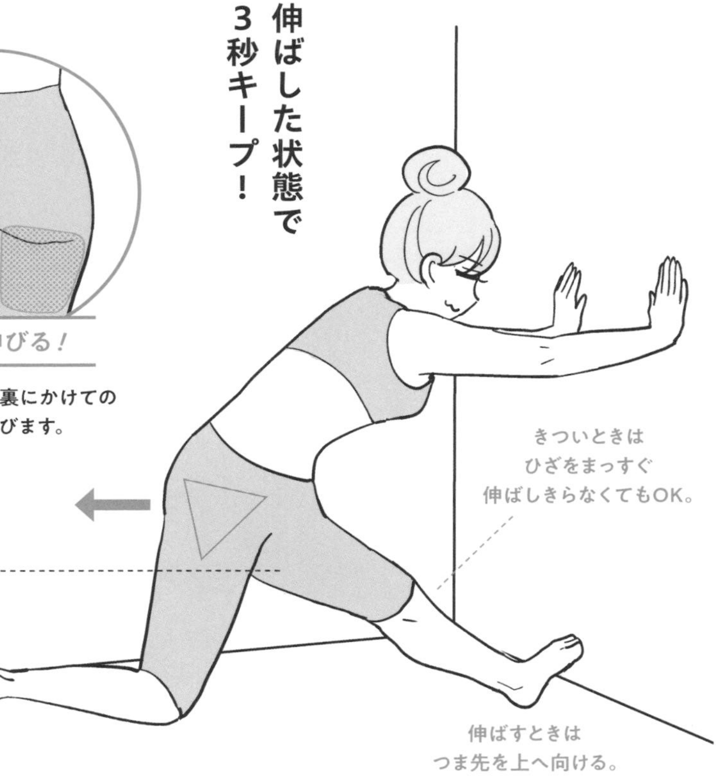
伸ばした状態で
3秒キープ！
きついときは
ひざをまっすぐ
伸ばしきらなくてもOK。
伸ばすときは
つま先を上へ向ける。

STEP 2

お尻を後ろに引きながら、立てたひざを伸ばしていきます。もも裏を伸ばして3秒ストレッチ。**1**～**2**のひざの曲げ伸ばしを繰り返しましょう。その後、反対の足も同様にストレッチします。 回数：左右10回ずつ

＼お尻の筋肉をうまく使えるようにする／

内股改善のストレッチ

お尻の筋肉をうまく使うには、内ももの筋肉をゆるめることも大切なんです
骨盤が後傾しすぎて背中が丸まらないよう注意する。
つま先は上へ向ける。

STEP 1 背すじを伸ばして床に座り、片方の足はひざを曲げます。もう片方の足はひざを伸ばして開脚しましょう。伸ばしているほうの内ももをストレッチします。

内側に入った**股関節**を戻し、お尻の筋肉が使えるようにします。
O脚改善にも効果があります。

ナチュラル

ウェーブ

におすすめ！

呼吸を止めず20秒キープ！

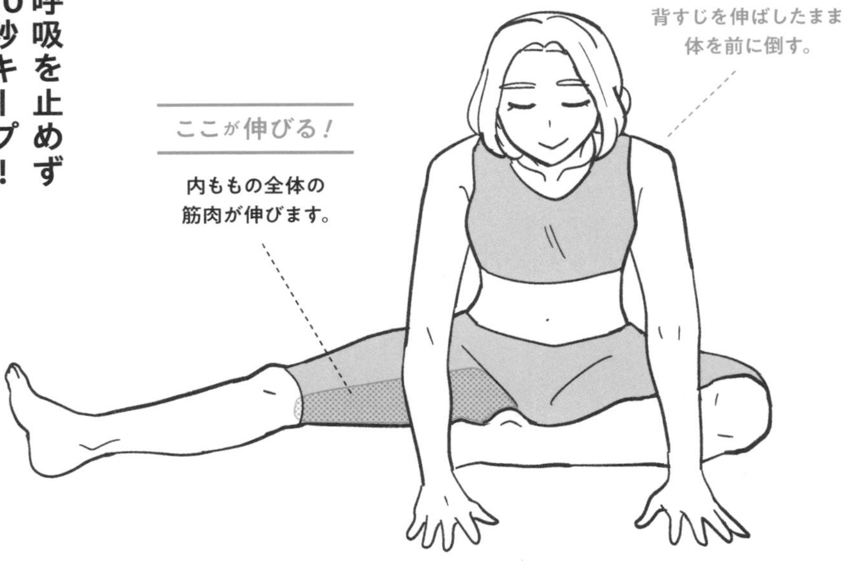
背すじを伸ばしたまま
体を前に倒す。
ここが伸びる！
内ももの全体の
筋肉が伸びます。

STEP 2

1の姿勢のまま両手を床につき、上半身を前に倒します。ゆっくり呼吸しながら、20秒ストレッチ。左右の足を替えて同様に伸ばしましょう。

＼ヒップラインを丸く美しく！／

お尻のエクササイズ①

お尻を引き上げ、丸くてきれいな
ヒップラインをつくるのに
必要な筋肉を鍛えます

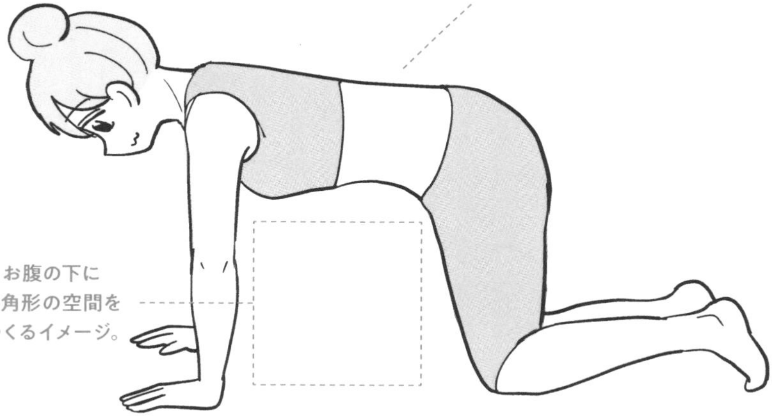
腰が反っていると
痛めてしまう原因になるので
注意する。
お腹の下に
四角形の空間を
つくるイメージ。

STEP 1

両手両ひざを肩幅くらいに開いて床につきます。体の力は抜いてOKですが、腰が反らないように注意しましょう。

お尻の表面を形成している大殿筋《だいでんきん》のなかでも、
とくに上部に効かせるエクササイズです。

ウェーブ
ナチュラル
におすすめ！

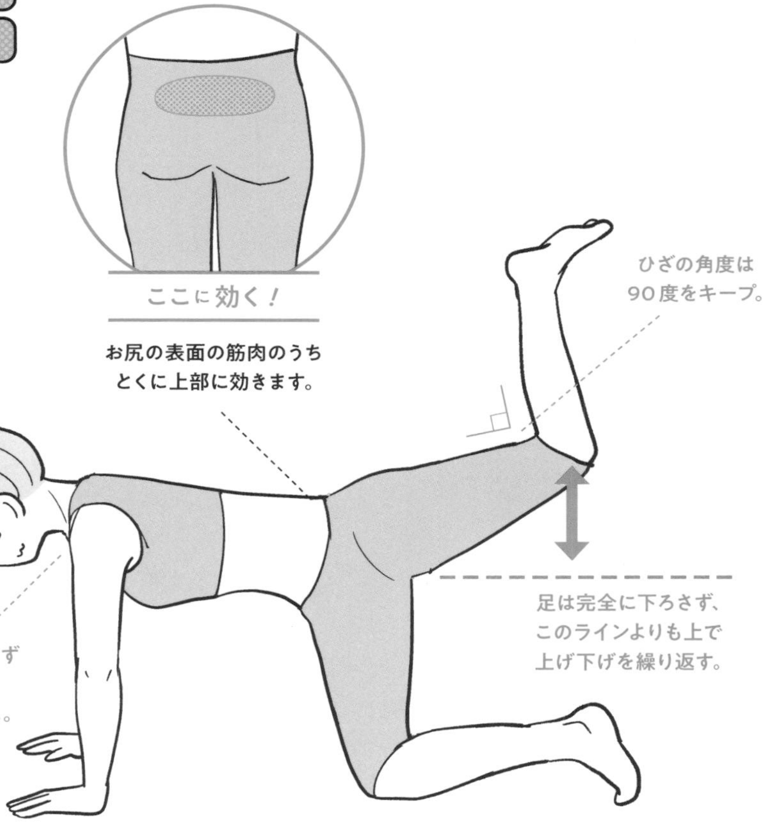

ここに効く！
お尻の表面の筋肉のうち
とくに上部に効きます。
ひざの角度は
90度をキープ。
足は完全に下ろさず、
このラインよりも上で
上げ下げを繰り返す。
上半身は動かさず
固定。呼吸を
止めないように。

STEP 2

片方の太ももを体と水平になるまで上げ、そこからさらに上へ上げては下ろします。無理のないペースでよいので、腰を反らさずお尻の筋肉で足を上げ下げしましょう。上下運動を1回とし、両足とも20回を目標に行ってください。 回数：左右20回ずつ

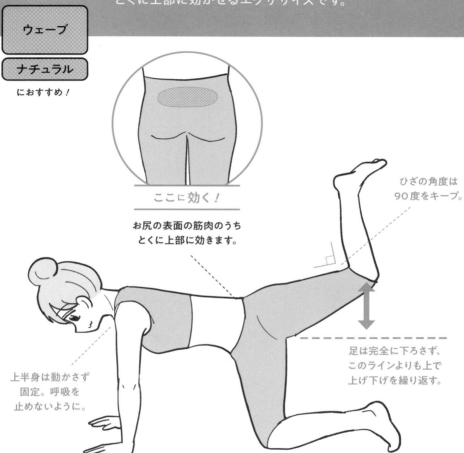

＼ヒップアップ＆外ももの張り解消に／

お尻のエクササイズ②

ヒップアップしたいナチュラルさん、
ウェーブさん向けのエクササイズですが
ピーマン尻が気になるストレートさんにも
おすすめです

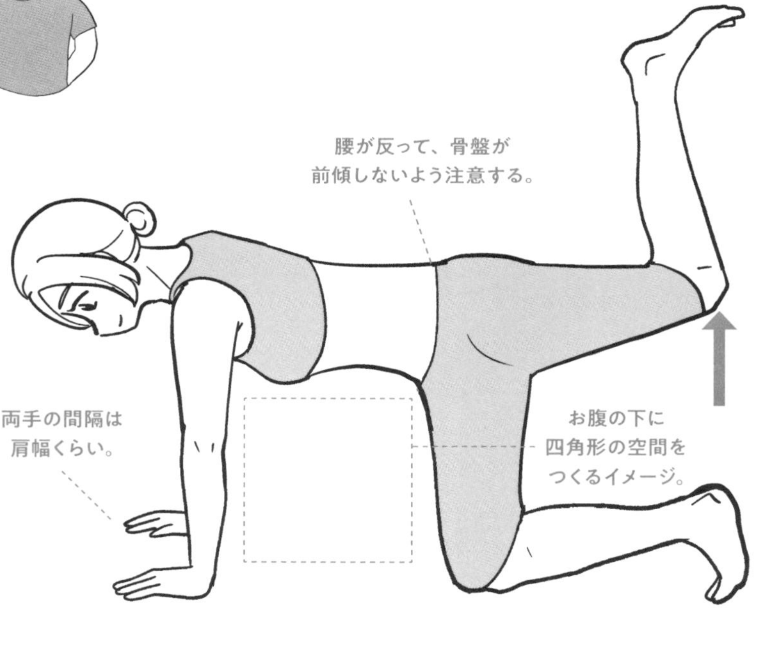
腰が反って、骨盤が
前傾しないよう注意する。
両手の間隔は
肩幅くらい。
お腹の下に
四角形の空間を
つくるイメージ。

STEP 1 両手両足を床につきます。片足をゆっくりと上げていき、太ももが体と水平になるところでストップ。

大殿筋《だいでんきん》、中殿筋《ちゅうでんきん》、外旋六筋《がいせんろっきん》といった多くの筋肉を
効率よく鍛えていくエクササイズです。

ナチュラル

ウェーブ

におすすめ！

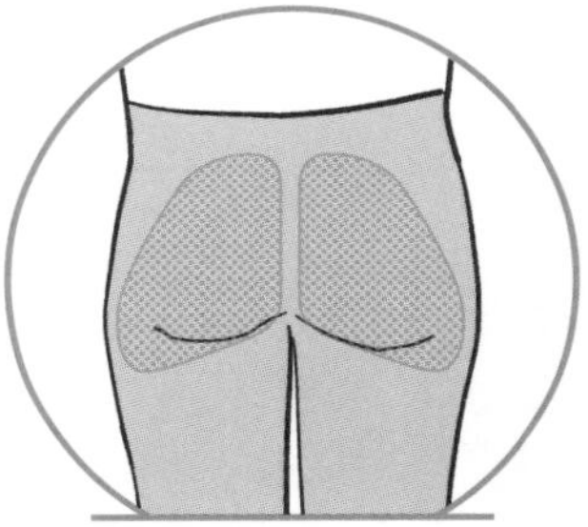
ここに効く！
大殿筋、中殿筋など
お尻の筋肉全体に効きます。

呼吸をしながら
2秒かけて
足を下ろす

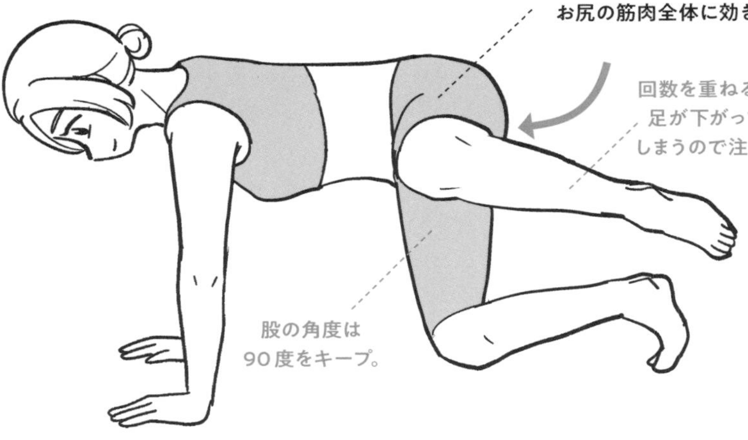
回数を重ねるうちに
足が下がってきて
しまうので注意する。
股の角度は
90度をキープ。

STEP 2

1で上げた足をそのまま真横へ。上半身は動かさず、股関節を開きながらひざを真横へ向けます。**1**～**2**の動きを繰り返しましょう。その後、反対の足も同様に行います。 回数：左右10回ずつ

＼ヒップアップ&下半身の筋力アップ／

ランジ

前ももには効かないので
ストレートさんにもおすすめです

肩幅の倍くらい。

STEP 1

足を前後に開きます。間隔は、肩幅の倍くらいに。手は軽く腰に添えておきましょう。

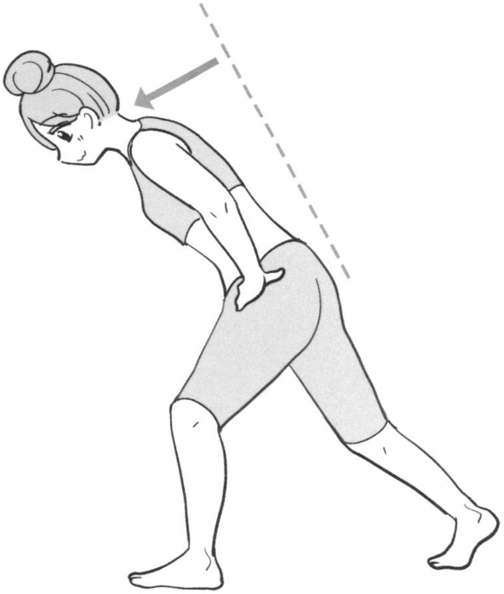

STEP 2

上半身を少し前に倒します。一般的なランジは前ももも鍛えられるエクササイズですが、こうすることで、前ももには効かせずお尻ともも裏のみに効かせることができます。

大殿筋《だいでんきん》やハムストリングスなど、下半身の大きな筋肉をまとめて鍛えることができるエクササイズです。

全タイプ

におすすめ！

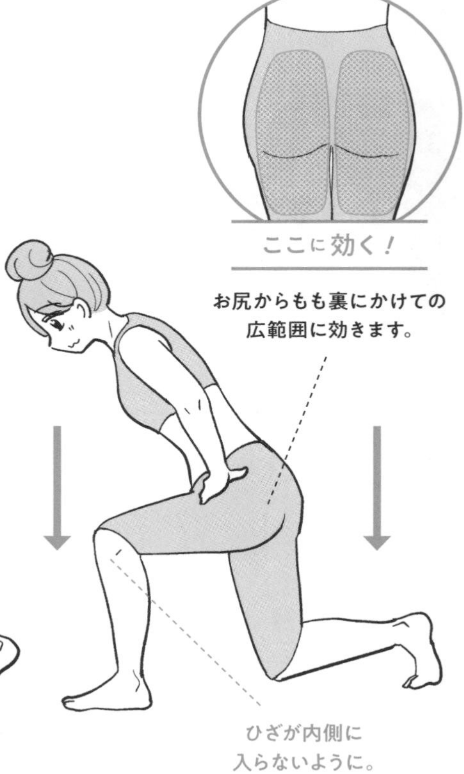
ここに効く！
お尻からもも裏にかけての
広範囲に効きます。
ひざが内側に
入らないように。

STEP 3

息を吸いながら2秒かけて腰を真下に落とします。後ろ足のひざがギリギリ床につかないくらいまで腰を落としましょう。バランスがとりにくいときは、壁に手をついてもOKです。

STEP 4

息を吐きながら**2**の体勢に戻ります。**3**～**4**を10回繰り返し、左右の足を入れ替えてもう10回。慣れてきたら回数を増やしましょう。

回数：左右10回ずつ

お悩み 3

太ももが太い

太ももが太いというのは全タイプ共通のお悩みですが
その原因はタイプによって少しづつ違っています。

ウェーブ
どんどん下半身が太くなってく気がする…
私もいつの間にかスキニーはけなくなったわ
ワイドパンツばっかり
ストレート
私も年々O脚がひどくなってきた…
ロングスカート大好き
ナチュラル
昨年まで着てた服が急に似合わなくなるよね〜
てかウエストゴム最強じゃない？
それな〜
日々尽きない体型の悩み

太ももが太く見える原因は？

お悩み率NO.1

ウェーブ

太ももの側面が横に張り出してしまう人が非常に多いです。筋肉不足のほか、片足に体重をかけて立っていることが多い、X脚になっているなど、姿勢の悪さも原因となります。ウェーブさんには太ももの筋肉をうまく使えていない人が多く、太もも全体に脂肪がつきやすい傾向にあります。お尻と内ももをバランスよく鍛えると、下半身がすっきりした印象になりますよ。

ストレート

ストレートさんのお悩みといえば、圧倒的に前ももの張りです。反り腰などによる姿勢の悪化や扁平足が原因で前ももの筋肉が張ってしまい、脚が太く見える原因になってしまっているのです。前ももの張りを解消するストレッチのほか、132ページの足の指のストレッチなどもおすすめです。

ナチュラル

とくに内ももやお尻の筋肉をうまく使えていない人が多いです。内ももやお尻の筋肉が弱いと脚にメリハリがなくなり、O脚の悪化にもつながります。エクササイズを行って太ももの筋肉が使えるようになると、脚の骨感も目立たなくなっていきます。

＼ 前ももの張りを解消する！ ／

太もものつけ根のストレッチ

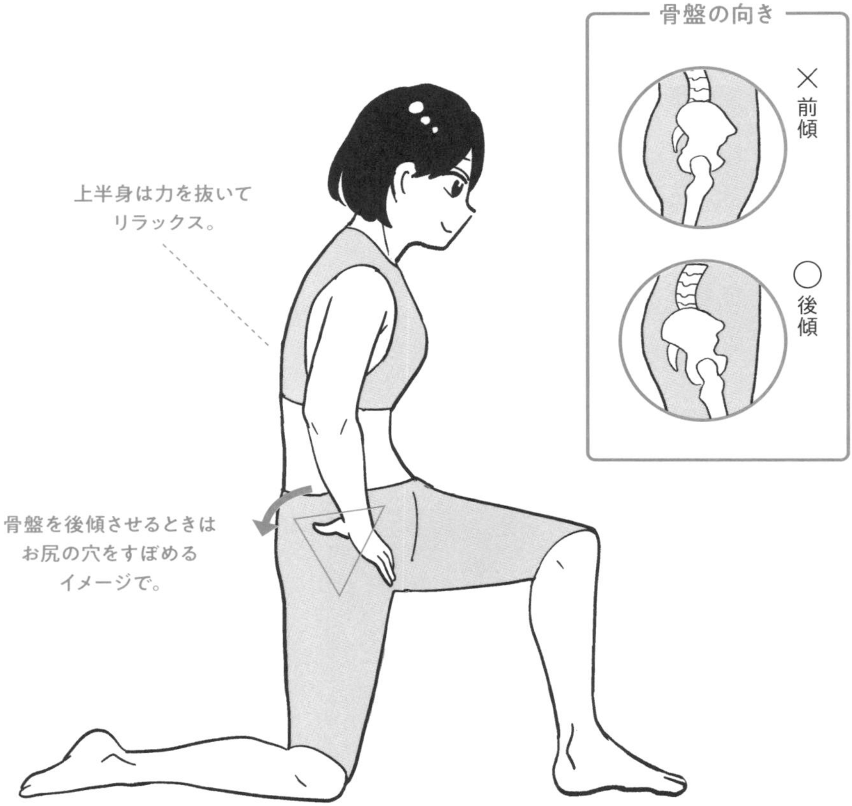
骨盤の向き
×
前傾
○
後傾
上半身は力を抜いて
リラックス。
骨盤を後傾させるときは
お尻の穴をすぼめる
イメージで。

STEP 1

片ひざを立ててひざ立ちし、上半身はリラックス。腰が反らないよう、骨盤をやや後傾させます。両手を軽く骨盤に添えると、骨盤の動きがわかりやすいです。

腸腰筋《ちょうようきん》を伸ばすストレッチは、前ももの張りの原因となる
反り腰改善にも効果的です。

ストレート

におすすめ！

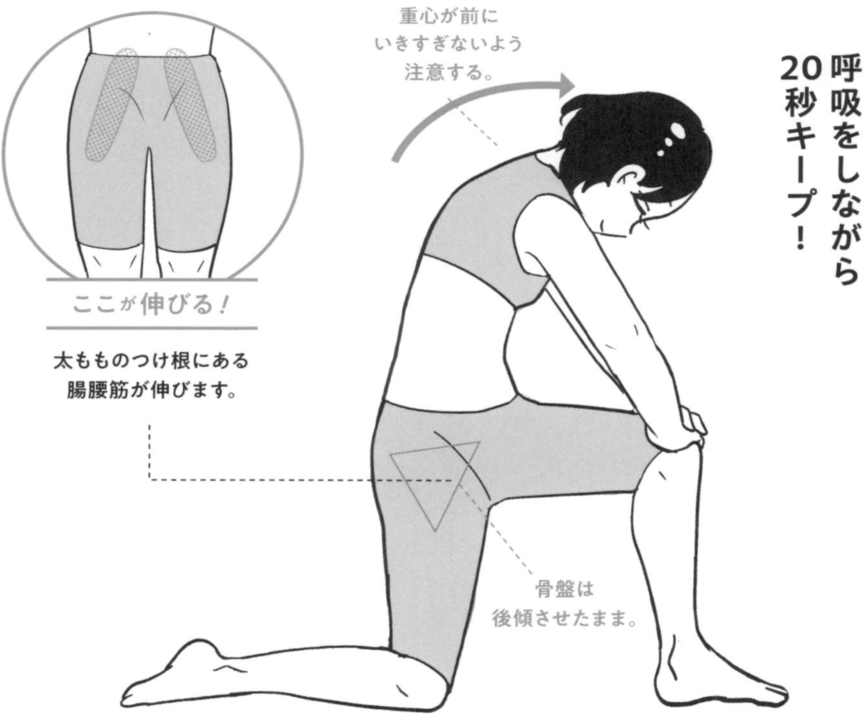
ここが伸びる！
太もものつけ根にある
腸腰筋が伸びます。
重心が前に
いきすぎないよう
注意する。
呼吸をしながら
20秒キープ！
骨盤は
後傾させたまま。

STEP 2

立てているひざに両手をつき、おへそをのぞきこむようにしながら背中を丸めていきます。太もものつけ根（股関節のあたり）が伸びているのを感じたら、その体勢で20秒キープ。左右の脚を替えて、反対側も同様にストレッチしましょう。

＼太もも前面のポッコリ感をなくす／

前もものストレッチ

反り腰の人、浮き指や扁平足の人は
とくに前ももが張ってしまっています

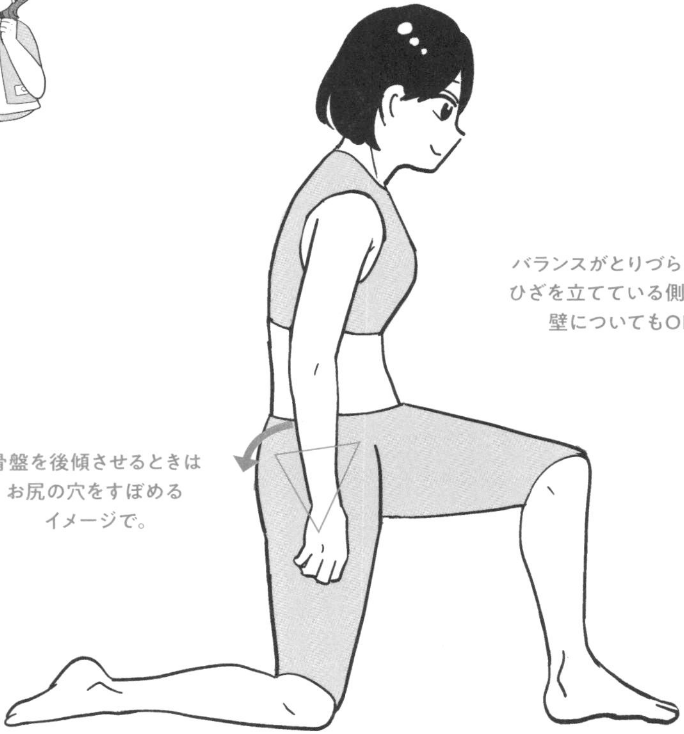
バランスがとりづらければ
ひざを立てている側の手を
壁についてもOK。
骨盤を後傾させるときは
お尻の穴をすぼめる
イメージで。

STEP 1

片ひざを立ててひざ立ちになります。上半身は力を抜いてリラックスし、あごは軽く引きましょう。腰が反らないよう、骨盤をやや後傾させます。

前ももの上部からひざにかけての長い筋肉、
大腿直筋《だいたいちょっきん》を伸ばすストレッチです。

ストレート

におすすめ！

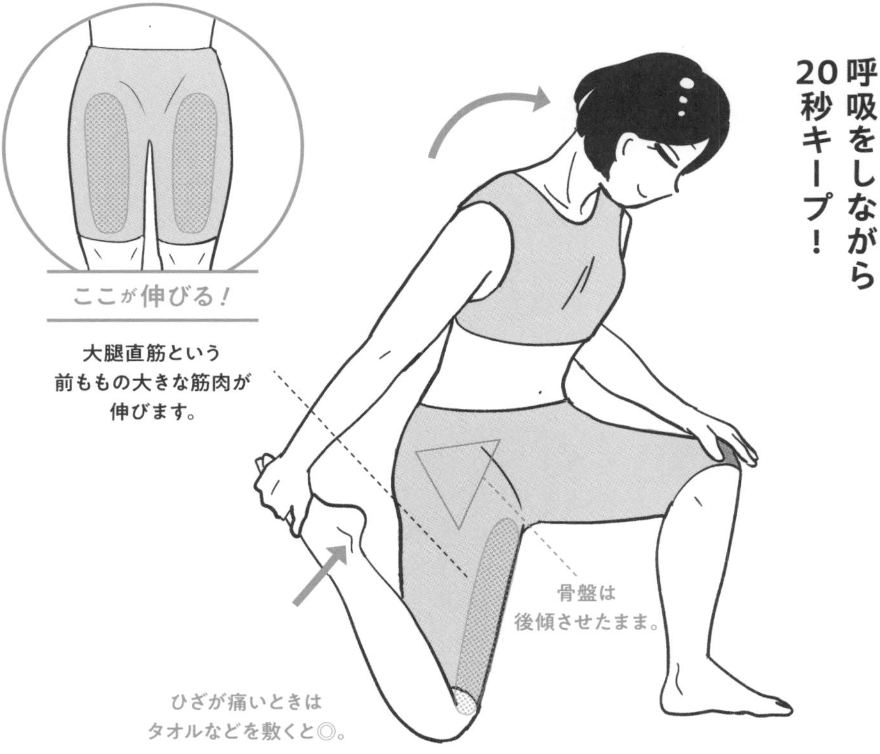
ここが伸びる！
大腿直筋という
前ももの大きな筋肉が
伸びます。
呼吸をしながら
20秒キープ！
骨盤は
後傾させたまま。
ひざが痛いときは
タオルなどを敷くと◎。

STEP 2

後ろの足をつかんでかかとをお尻に近づけながら、背中を丸めてストレッチ。20秒ほどキープしましょう。反対の脚も同様にストレッチします。

＼張り出した外ももがすっきり！／

外もものストレッチ

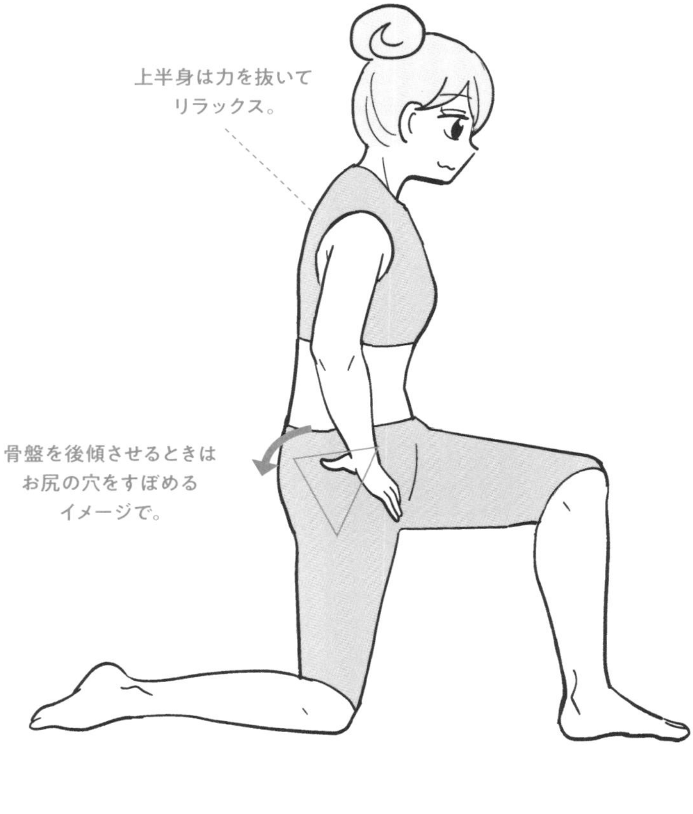
上半身は力を抜いて
リラックス。
骨盤を後傾させるときは
お尻の穴をすぼめる
イメージで。

STEP 1

片ひざを立ててひざ立ちし、上半身はリラックス。腰が反らないよう、骨盤をやや後傾させます。両手を骨盤に軽く添えると、骨盤の動きがわかりやすいです。

大腿筋膜張筋《だいたいきんまくちょうきん》をストレッチし、外もも全体の張りをなくしていきます。

ウェーブ

におすすめ！

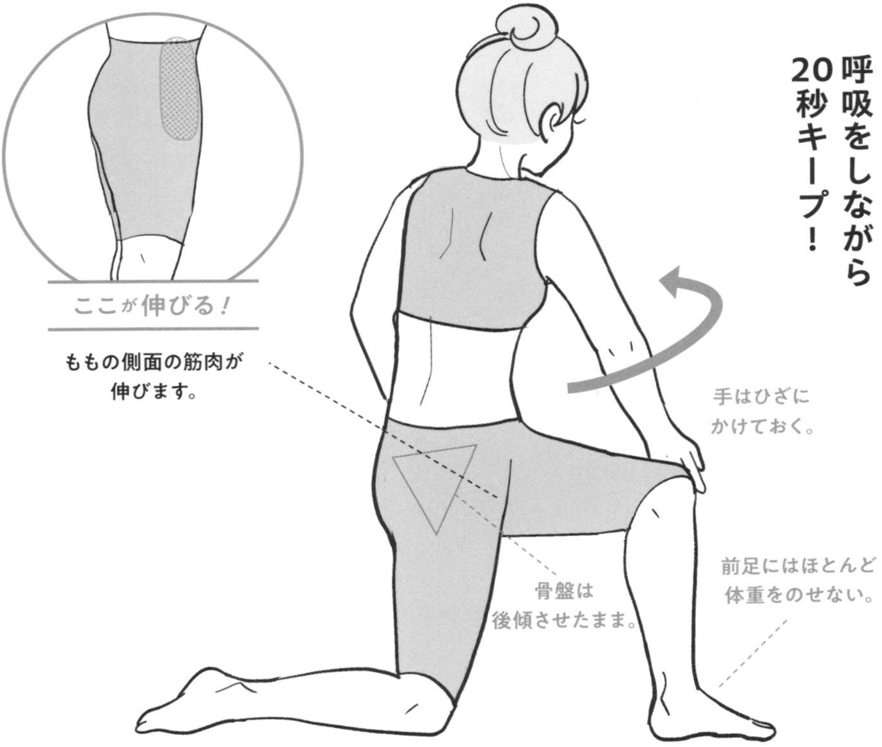

ここが伸びる！
ももの側面の筋肉が伸びます。
呼吸をしながら20秒キープ！
手はひざにかけておく。
骨盤は後傾させたまま。
前足にはほとんど体重をのせない。

STEP 2

1の体勢からゆっくり上半身ををひねります（左ひざを立てているときは左側へ）。ももの側面が伸びるのを感じながら、20秒ストレッチ。その後、反対側の脚も同様に行いましょう。

＼大転子の出っ張りをなくす／

股関節をひねるストレッチ

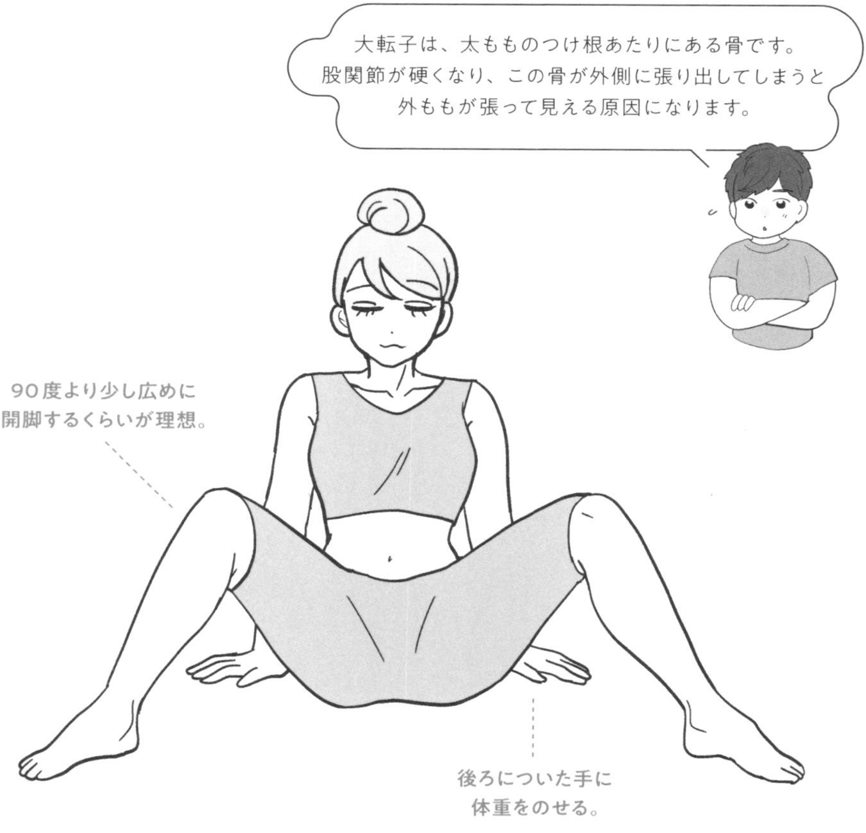
大転子は、太もものつけ根あたりにある骨です。股関節が硬くなり、この骨が外側に張り出してしまうと外ももが張って見える原因になります。
90度より少し広めに開脚するくらいが理想。
後ろについた手に体重をのせる。

STEP 1

ひざを立てて座り、両脚を開いてつま先を外側へ。
M字開脚の状態になり、両手を後ろにつきます。
体重は後ろについた手にのせます。

股関節のねじれや大転子《だいてんし》の張りを解消するため
股関節の可動域を広げるストレッチです。

ウェーブ

におすすめ！

STEP
2

片方のひざを内側に、もう片方のひざを外側に、2秒くらいかけて同時に倒します。ひざが床につかなくてもOKです。

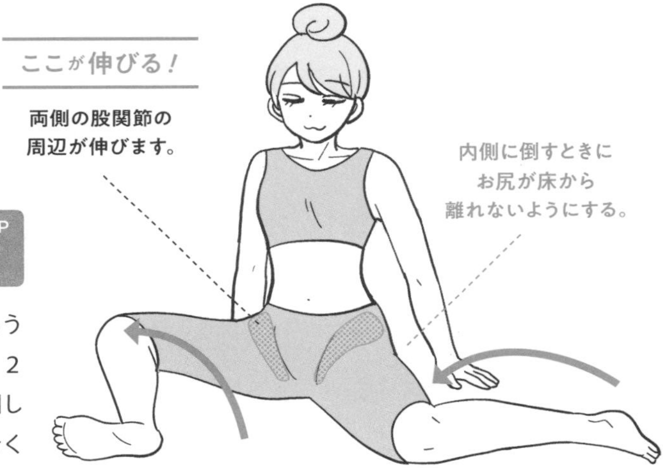
ここが伸びる！
両側の股関節の
周辺が伸びます。
内側に倒すときに
お尻が床から
離れないようにする。

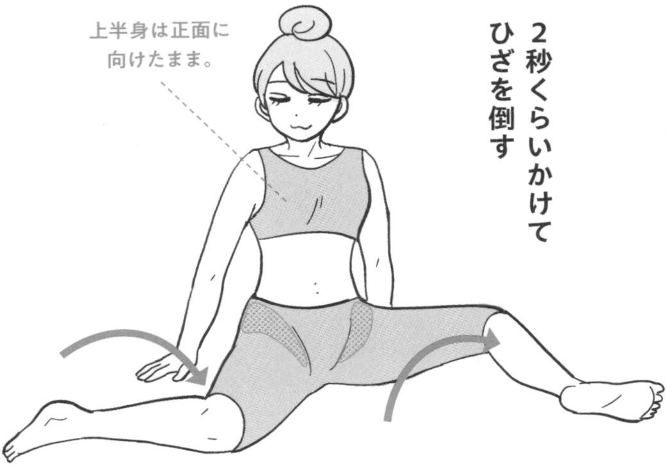
上半身は正面に
向けたまま。
2秒くらいかけて
ひざを倒す

STEP
3

今度は反対のひざを内側に倒し、もう片方のひざを外側へ。内側に倒すときにお尻が床から離れないよう注意します。**2〜3**の動きを1回とカウントし、連続で行いましょう。

回数：10回

＼内股を改善しすらっとした脚に／

お尻のインナーマッスルを鍛える

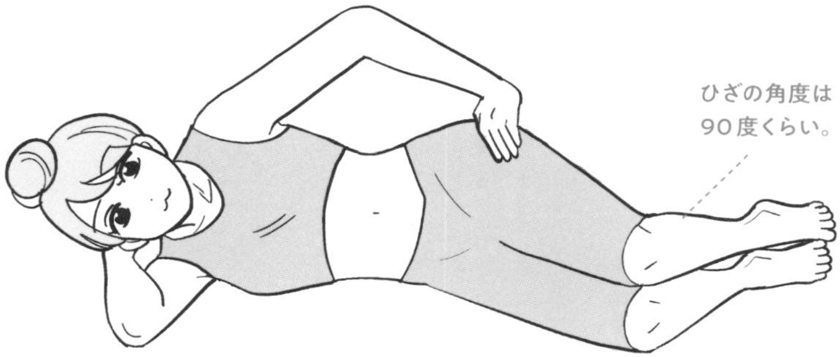
ひざの角度は
90度くらい。

STEP 1

横向きで寝て両ひざを曲げます。上半身はエクササイズをやりやすい姿勢でOK。

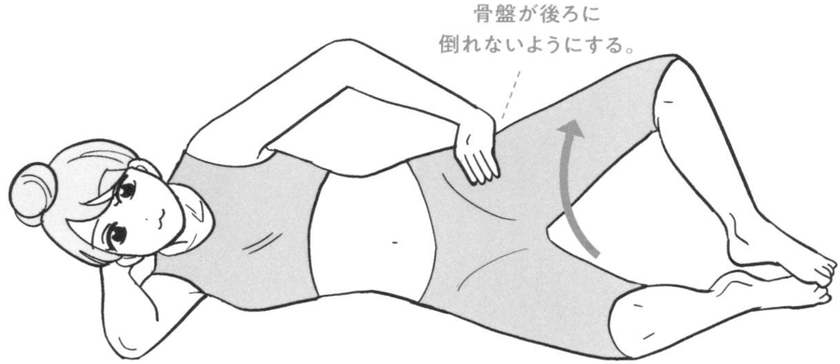
骨盤が後ろに
倒れないようにする。

STEP 2

両足の内側（母趾球のあたり）が離れないようにしながら、ゆっくり上の脚を開きます。無理せず開けるところまででOKです。このとき、体が後ろに倒れないよう、横向きの姿勢をキープしましょう。

外旋六筋《がいせんろっきん》を鍛え、内股や外ももの張りを解消していくエクササイズです。

ウェーブ

におすすめ！

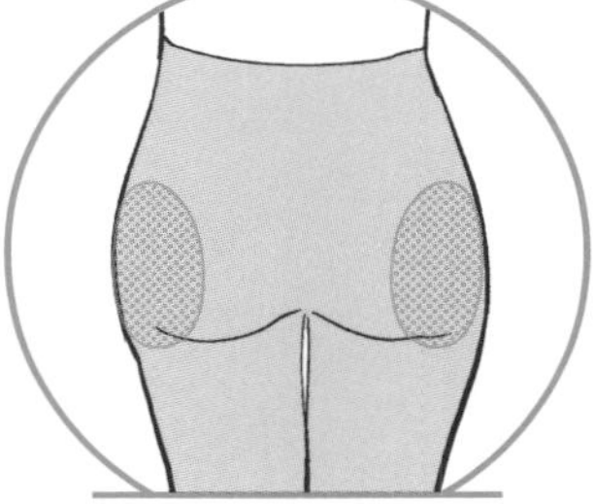
ここに効く！

呼吸を止めずにひざを閉じ開きする

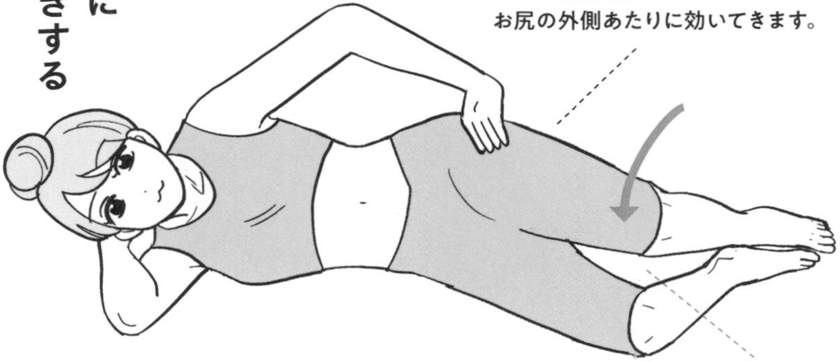
外旋六筋がはたらくと
お尻の外側あたりに効いてきます。
戻してきたときは
ひざを完全にくっつけず
少し離しておく。

STEP 3

開いた脚をゆっくり閉じましょう。このとき、ひざを完全につけず少し浮かせたままにするとより効果があります。20回上げ下げし、反対側も同様に行いましょう。 回数：左右20回ずつ

＼内もものたるみとO脚を改善／

内もものエクササイズ

106ページのストレッチや
58ページのスクワットと
あわせて行うと
さらに効果的です！

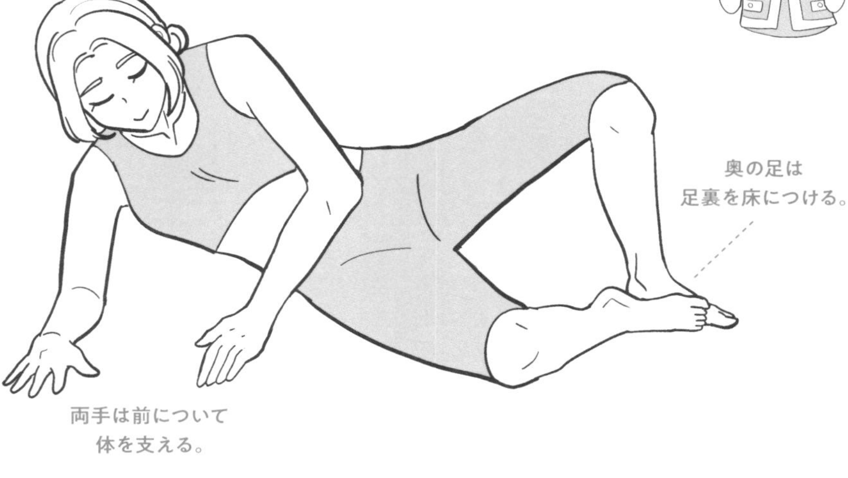
奥の足は
足裏を床につける。
両手は前について
体を支える。

STEP 1

横向きで寝た状態からひじをついて上半身を起こし、奥の脚はひざを立てます。重心が後ろにならないよう注意しましょう。

内転筋群《ないてんきんぐん》を鍛えて、内ももにすき間をつくります。

ナチュラル

ウェーブ

におすすめ！

2秒かけて脚を閉じ
また2秒かけて開く

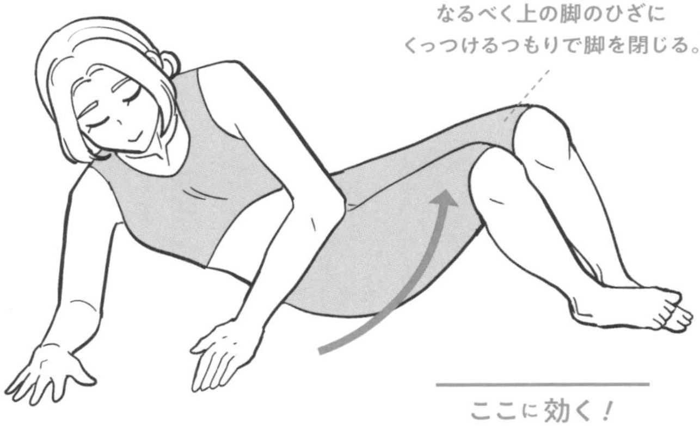
上の脚の位置は動かさない。
なるべく上の脚のひざに
くっつけるつもりで脚を閉じる。

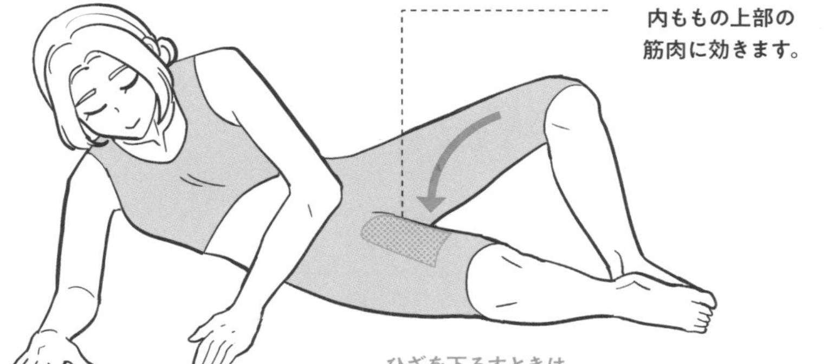
ここに効く！
内ももの上部の
筋肉に効きます。
ひざを下ろすときは
ギリギリ床につけないのがポイント！

STEP 2

下のひざをゆっくり閉じて、上の脚の位置まで持ち上げます。理想は両ひざがぴったりくっつくことですが、無理のない範囲でOK。呼吸をしながら10回閉じ開きします。反対の脚も同様に行いましょう。 回数：左右10回ずつ

お悩み

9 ししゃも脚が気になる

ふくらはぎがししゃものお腹のように
ぽっこり張った状態を「ししゃも脚」と表現します。

子どもの入園式
祝入園式
ママー！
久しぶりにこの丈のスカートはいいたなぁ
あいかわらずふくらはぎがパンパン…
何かスポーツやってる？
えっ
学生のころからよく聞かれたな～
←スポーツ苦手
つい服で隠しちゃうんだよね
いつも
ああ…華奢な脚になりたい

ふくらはぎが張る原因は？

ナチュラル

ヒールをよく履く人や、足の裏全体を使って歩けていない人、立ち仕事の人などは、気づけばふくらはぎがパンパンになっていることも多いはず。とくにナチュラルさんの場合、足首や太ももが細い人が多いので、ふくらはぎの張りが目立ちやすい傾向にあります。ストレッチで張りをなくし、脚のラインを整えていきましょう。張りの根本的な原因を改善することも大切です。

ストレート

前ももが張っているストレートさんは、体重がつま先にのってしまいがち。そうすると、つねにふくらはぎに負荷がかかり、筋肉が必要以上に発達してしまいます。ふくらはぎのストレッチで筋肉をほぐしていくと同時に、反り腰などの根本的な原因も取り除いていく必要があります。

ウェーブ

ウェーブさんの場合、筋肉の張りはほとんどありませんが、脚の筋肉量が少ないので、ふくらはぎがむくんでパンパンになりやすい傾向があります。ストレッチやマッサージで血行をよくすると、むくみが解消されてひざ下がすっきりした印象になります。

＼ むくみと筋肉の張りを解消！ ／

ふくらはぎのストレッチ

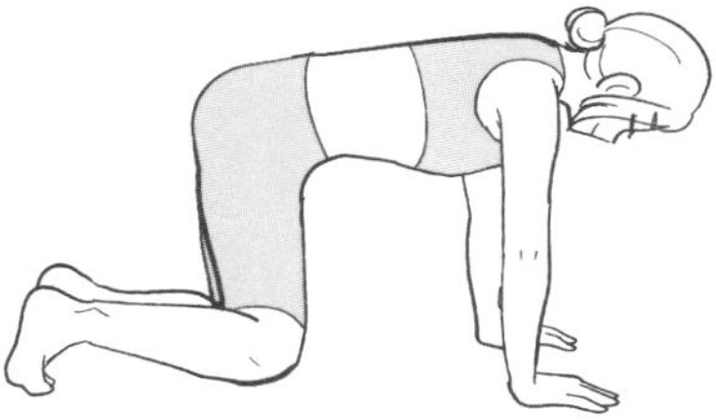

はじめは両手と両ひざをついた
体勢からスタート。

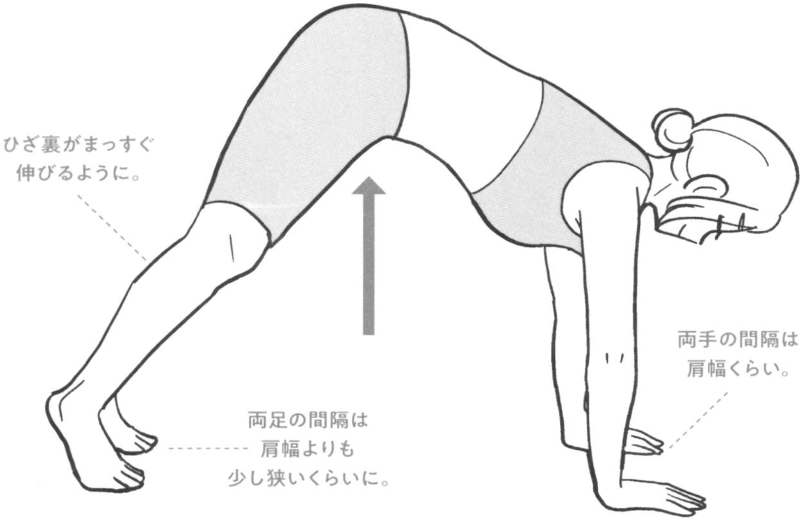
ひざ裏がまっすぐ
伸びるように。
両手の間隔は
肩幅くらい。
両足の間隔は
肩幅よりも
少し狭いくらいに。

STEP 1 スタートの状態から、お尻をぐっと上げた体勢になります。ひざをなるべくまっすぐ伸ばしましょう。

腓腹筋《ひふくきん》、ヒラメ筋を伸ばし、ふくらはぎの張りをなくしていくストレッチです

ナチュラル

ストレート

におすすめ！

ここが伸びる！
ふくらはぎ全体の筋肉が伸びます。
伸ばすほうの脚は足裏をしっかり床につける。

1秒に1回のペースで足踏みする

STEP 2

1の姿勢のまま、左右の脚を交互に曲げ伸ばしします。足を床から離さずに足踏みするイメージです。伸ばすほうの足裏をしっかり床につけると、ふくらはぎがストレッチされます。左右の足踏みで1回とカウントし、20回行います。 回数：20回

＼浮き指や扁平足の予防・改善に！／

足の指のストレッチ

足の指が地面についていない「浮き指」や
足裏のアーチがなくなる「扁平足」が
ふくらはぎの張りの原因になることもあります。

全タイプ
におすすめ！

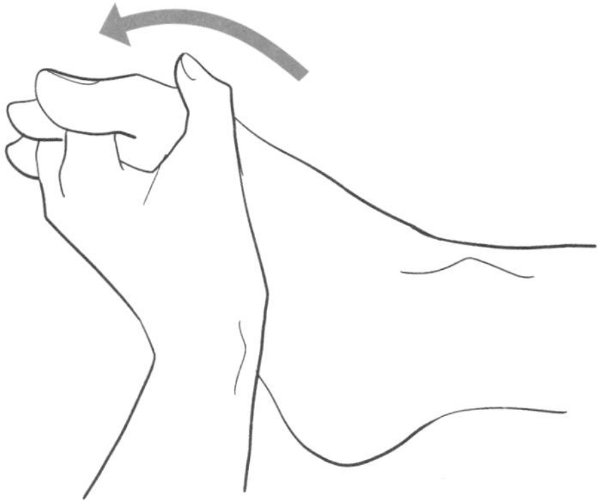

STEP 1

足の指の間に手の指を入れ、指と指の間をしっかり開いた状態で足裏を丸めます。

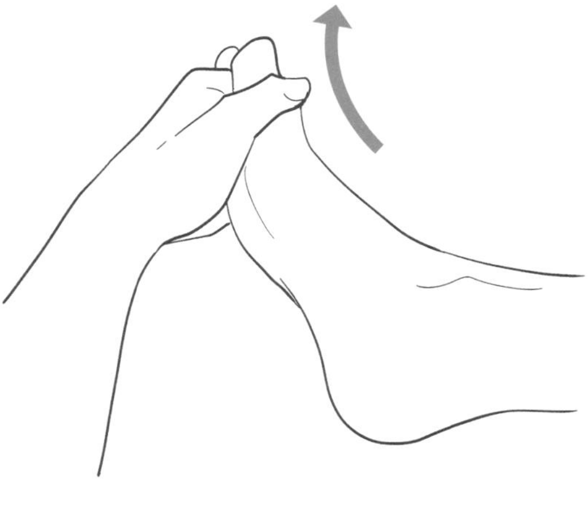

STEP 2

今度は足裏を反らします。**1**～**2**の動きを10回ほど繰り返し、しっかり足裏をほぐしましょう。反対の足も同様に。

回数：左右**10**回ずつ

あわせてやってみよう！

足裏のアーチづくり

**足裏にアーチがない扁平足の人は、前ももや外もも、
ふくらはぎが張って太くなるだけでなく、
脚の疲れやむくみの原因にも……。
アーチをつくるエクササイズで、扁平足を改善しましょう。**

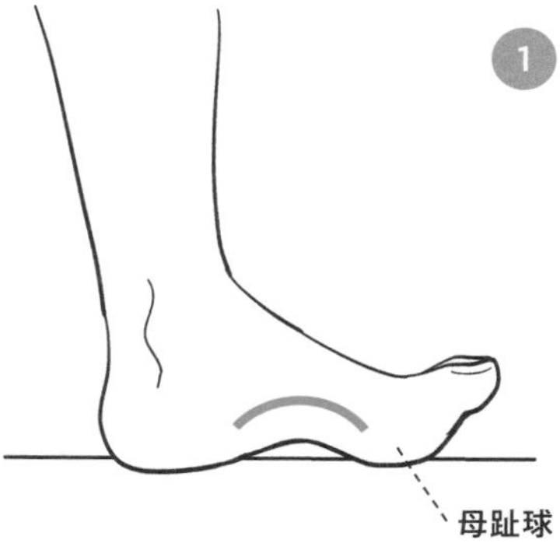

立った状態で片足を一歩前へ。前に出した足のかかとと母趾球を床につけ、足裏にアーチをつくった状態のまま足の指をすべて浮かせます。

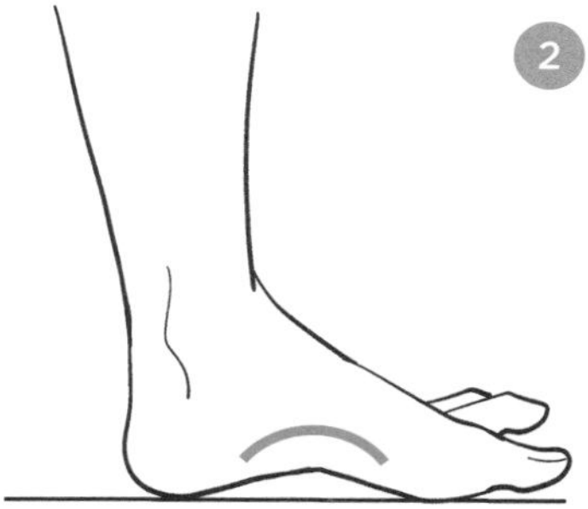

足裏のアーチを意識しながら、親指だけを下ろして床につけます。ここで3秒キープ。この親指の上げ下げを10回ほど行いましょう。反対の足も同様に。

土ふまずのマッサージもおすすめです。
張りをほぐすイメージで、
左右各20秒ほどやってみてください

姿勢の改善にも効果あり！“体幹”を鍛えよう

ダイエットはもちろん、健康な体づくりに体幹トレーニングは欠かせない

24ページでも紹介したように、食べすぎだけではなく、姿勢の悪化も太る原因になります。実際、ここまで紹介してきたさまざまな体型のお悩みも、多くは姿勢の悪化が原因となっています。では、そもそも姿勢が悪くならないようにするにはどうしたらよいのでしょう？

いちばんは「体幹」を鍛えることです。体幹とは、胸から骨盤までの体の中心部分のこと。背骨や骨盤、お腹まわりの筋肉など、姿勢の維持や体を安定させるのに欠かせない部分です。体幹が鍛えられると、背骨や骨盤が正しい位置に戻って猫背や反り腰が改善され、正しい姿勢をキープするだけの筋力もつきます。

また、姿勢の改善以外にも、ケガの予防や運動する際のパフォーマンスの向上、基礎代謝が上がって脂肪が燃えやすくなるなど、体幹を鍛えるメリットはたくさんあります。

＼体幹トレーニングの基本／

プランク

全タイプ

におすすめ！

呼吸を止めず30秒キープ！

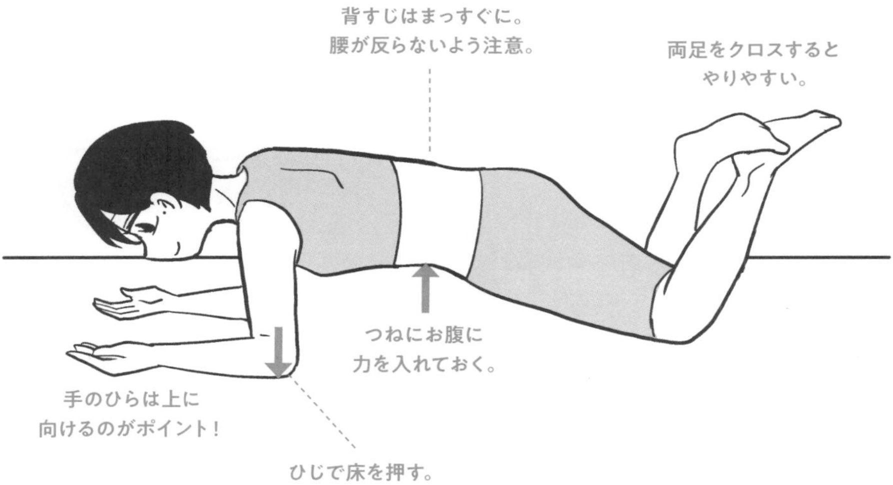
背すじはまっすぐに。
腰が反らないよう注意。
両足をクロスすると
やりやすい。
つねにお腹に
力を入れておく。
手のひらは上に
向けるのがポイント！
ひじで床を押す。

STEP 1

肩の真下に両ひじをつき、両ひざを軽く開いて床につきます。お腹を持ち上げ、背すじを伸ばしたまま30秒間キープしましょう。このとき、手のひらを上に向け、ひじで床を押すのがポイントです。

数か月後ー
ゴメ〜ン
Cafe
お待たせ〜
バタ
バタ
ナミのそのワンピースかわいい！
本当？ありがとう！
脚やせしたからいつもよりも少し短い丈のワンピ選んでみたんだ〜
前は着たい服より悩みを隠せる服でごまかしてたから…
フフ…
わかる〜

私も今まで選ばなかった服にも挑戦するようになったよ
新しいシャツ買っちゃった♡
ダイエットにも成功したしなんか自分に自信が持てるようになったよね
毎朝服を選ぶのもメイクをするのも楽しい――
そうだ！
このあとみんなで買いもの行こうよ
おっ
いいね！
自分の骨格のこと知れてよかった！
よかった～！

骨格タイプ別ボディメイク 体験者の声

さまざまなお悩みをもった7名の女性に、本書で紹介したエクササイズに挑戦してもらいました。エクササイズを行ったのは週1回程度にもかかわらず、2か月であっと驚く成果が出ています。

お腹まわりが引きしまり 全身のバランスが美しく整った！

手塚綾さん（33歳、骨格ナチュラル）

お腹まわりを引きしめたいという手塚さんは、96、98ページのくびれをつくるエクササイズや、88、90ページのインナーマッスルを鍛えるエクササイズをメインで行いました。

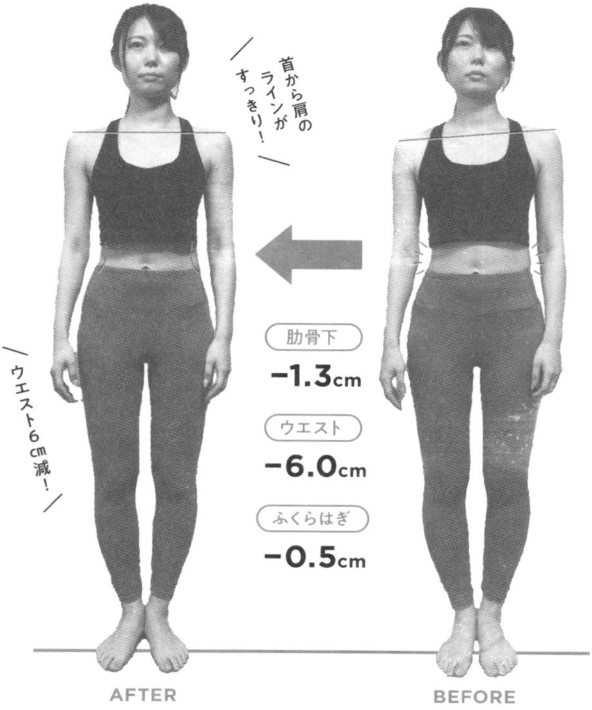
首から肩のラインがすっきり！
ウエスト6㎝減！
肋骨下
−1.3cm
ウエスト
−6.0cm
ふくらはぎ
−0.5cm
AFTER
BEFORE

悩みだったお腹まわりが引きしまり、くびれが目立つように。また、上がっていた左肩が下がり、首も長く見えるようになりました。全身のバランスが美しく整っています。

喜びの声 見た目の変化だけでなく、腰痛もなくなり心身ともに元気になりました。エクササイズを行った以外は普段通りの生活をしていたので、これだけ成果が出たのは正直びっくりです。

反り腰が改善し、見た目の印象が大幅にUP!

関本恵菜さん（22歳・骨格ストレート）

反り腰ぎみでお腹が前に出てしまうことに悩んでいた関本さん。72ページのストレッチや88ページのエクササイズを中心に、反り腰の改善とインナーマッスルの強化に努めました。

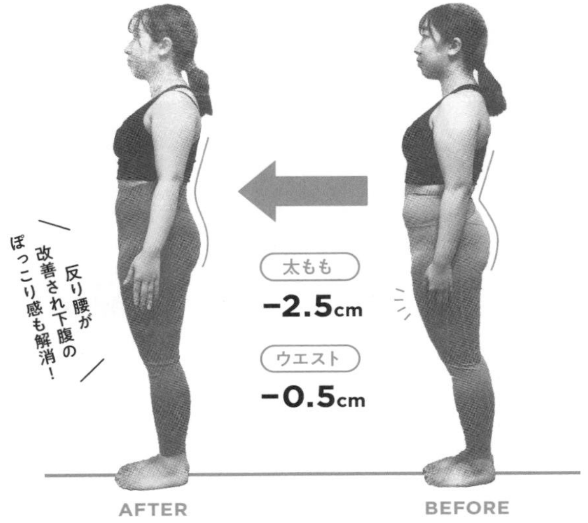
反り腰が
改善され下腹の
ぽっこり感も解消!
太もも
−2.5cm
ウエスト
−0.5cm
AFTER
BEFORE

前傾の姿勢が改善され、見た目の印象が大きく変化。前ももの張りも解消されてきているのがわかります。

喜びの声 以前は立ちっぱなしだと腰に負担がかかることが悩みだったのですが、反り腰改善のエクササイズを行って悩みが解消し、活動的になれたのがうれしいです!

反り腰改善でヒップが上がり太もも、ふくらはぎもすっきり!

小林花奈さん（49歳・骨格ナチュラル）

お腹まわりのお肉と、ヒップが下がっていることに悩んでいた小林さん。反り腰ぎみでもあったのでインナーマッスルを強化しつつ、108ページや112ページのエクササイズなどを行いました。

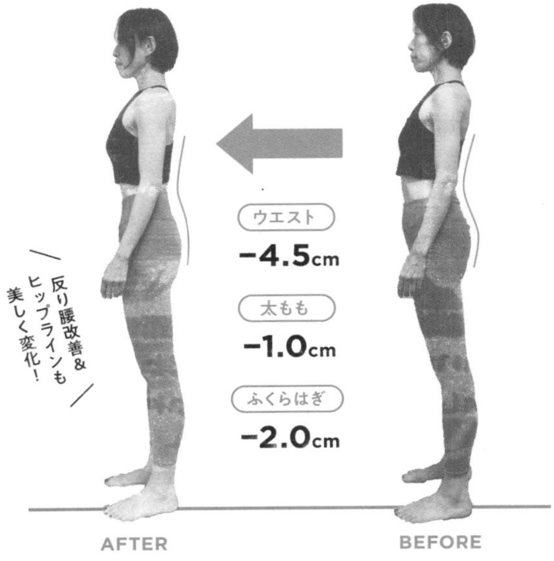
反り腰改善&
ヒップラインも
美しく変化!
ウエスト
−4.5cm
太もも
−1.0cm
ふくらはぎ
−2.0cm
AFTER
BEFORE

お腹まわりがすっきり引きしまり、バスト&ヒップが上がりました。メリハリのある美しいボディラインに変化しています。

喜びの声 自己流ダイエット後の筋力不足、皮膚の下垂に悩んでいました。必要な部分を集中的に鍛えることで脚とお尻の区別がつき、ふくらはぎも細くなりました。しあわせです!

下半身の引きしめ＆ヒップアップに成功！

山本実里さん〈仮名〉（42歳・骨格ストレート）

前ももの張りに悩んでいた山本さんは、116、118ページのストレッチをメインで行いました。また、ストレートさん向けのスクワットやヒップアップのエクササイズもあわせて行っています。

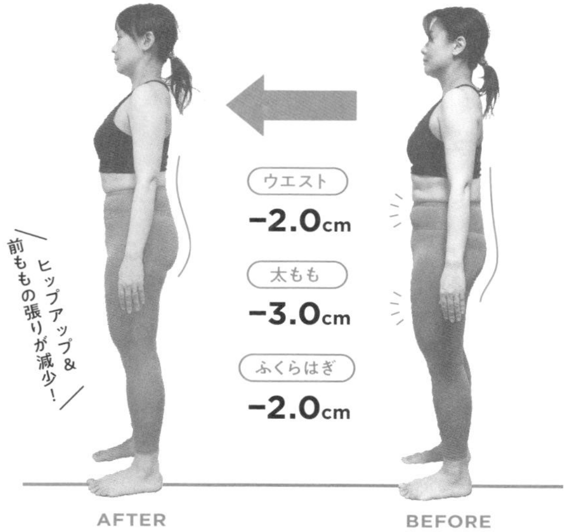
ウエスト
−2.0cm
太もも
−3.0cm
ふくらはぎ
−2.0cm
ヒップアップ＆前ももの張りが減少！
AFTER
BEFORE

お尻がキュッと上がり、ヒップラインも美しく変化。前ももやふくらはぎの張りがやわらぎ、脚全体がほっそりした印象です。

喜びの声　前ももの張りは10代のころからの悩みで、一生直らないものだと思っていたので、週1回のエクササイズにもかかわらず効果が出てとてもびっくり＆うれしいです。

肋骨がしまってウエストもサイズダウン

丹野奈津美さん（30歳・骨格ストレート）

腰が反って肋骨が開きぎみだった丹野さんは、96ページの肋骨をしめるエクササイズに挑戦。また、あわせてストレートさん向けのスクワットにも取り組み、ヒップや太ももの引きしめを目指しました。

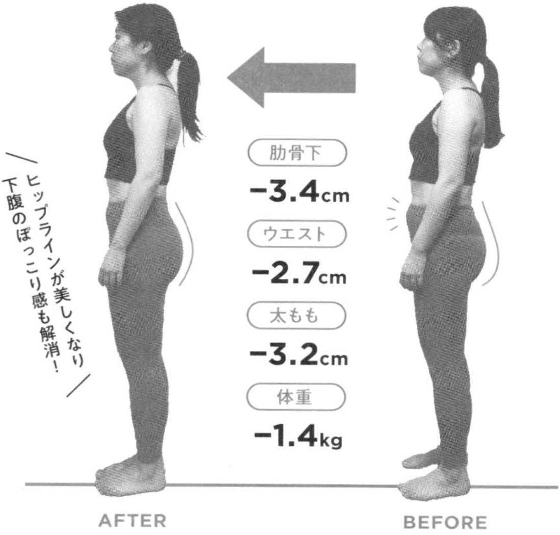
肋骨下
−3.4cm
ウエスト
−2.7cm
太もも
−3.2cm
体重
−1.4kg
ヒップラインが美しくなり下腹のぽっこり感も解消！
AFTER
BEFORE

お尻にへこみがあり、ややピーマン尻ぎみでしたが、丸く美しいヒップラインに変化しました。また、開きぎみだった肋骨がしまり、肋骨下からウエストにかけてもワンサイズダウンしています。

喜びの声　気になっていた肋骨の開きが改善されとてもうれしいです！　お尻も上がって全体のラインがきれいになりました。

ストレートネック改善＆お腹まわりすっきり！

谷村真規子さん（33歳、骨格ウェーブ）

首が短いことと、お腹が出ていることに悩んでいた谷村さん。猫背改善のために72、74ページのストレッチを入念に行いつつ、お腹のインナーマッスルを鍛えるエクササイズにもチャレンジしました。

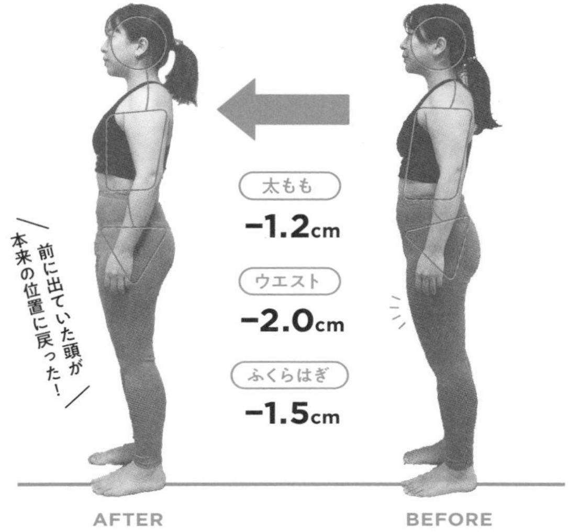

前に出ていた頭が本来の位置に戻った！
太もも
−1.2cm
ウエスト
−2.0cm
ふくらはぎ
−1.5cm
AFTER
BEFORE

ストレートネックが改善され、頭が本来の位置に戻っているのがわかります。フェイスラインもすっきりし、首が長い印象になりました。悩んでいたぽっこりお腹も解消されつつあります。

喜びの声
胸下から太ももまでのラインがまっすぐになりました！　洋服を着たときのシルエットも、お腹まわりが気にならなくなってきてうれしいです。

太ももの張りがなくなりすらりと長い脚に

田村香央理さん（21歳、骨格ウェーブ）

脚全体を引きしめたいという田村さん。とくに外ももの張りが目立っていたので、１２０ページのストレッチや、お尻のインナーマッスルを鍛えるエクササイズをメインで行いました。

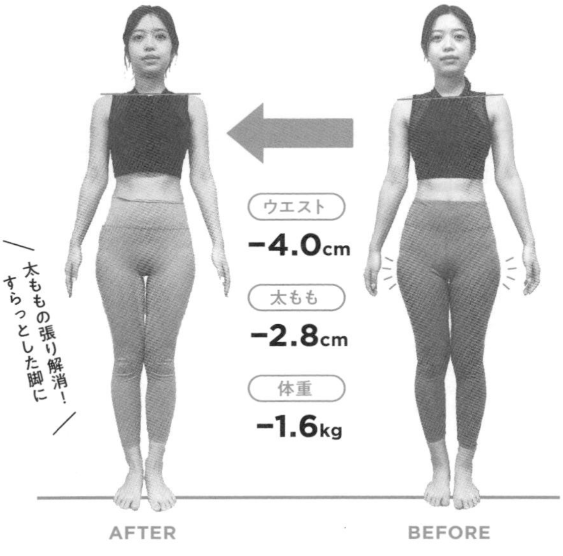

太ももの張り解消！すらっとした脚に
ウエスト
−4.0cm
太もも
−2.8cm
体重
−1.6kg
AFTER
BEFORE

外ももの張りが解消されたことで、下半身全体がすらっとした印象になりました。上がっていた左肩も下がり、全身のバランスが美しく変化しています。

喜びの声
外ももの張りがなくなったので苦手だったパンツスタイルに挑戦できるようになりました！以前より体調もよくなった気がします。

おわりに

骨格診断でボディメイクのことまでわかるなんて、みなさまも驚かれたのではないでしょうか？ 骨格診断によって似合うファッションを導き出せるのは、骨格タイプごとに太りやすい部位・筋肉のつきやすさなどが違うからです。そして、そこに着目して開発したのが「骨格タイプ別ボディメイク」のメソッドです。

私も毎週エクササイズを行っていますが、ボディラインが変化することで苦手だと思っていたお洋服にも挑戦できるようになり、服選びがさらに楽しくなりました！「好きな服が骨格タイプ的に似合わないと知って、着られなくなってしまった」「どのダイエット方法も効果が出ない」という方にこそ、本書のボディメイクを試していただきたいです。そして、みなさまがより自分に自信を持ち、素敵な毎日を過ごすことができるよう願っています。

Rina Saiki

Info.

イメージコンサルティングサロン
『Colorcle』

「もっと気軽に」をテーマにしたイメージコンサルティングサロン。表参道・新宿にて展開。パーソナルカラー、骨格診断、顔タイプ診断®から総合的にタイプを導き出し、クライアントの美しさを最大限に引き出せるファッションやコスメを提案する。代表の Rina Saiki をはじめとしたコンサルタントの的確な診断や充実したアフターフォローが口コミやSNS で人気となり、年間2,000名以上が来店している。

HP：https://www.colorcle.net/

この度は『骨格タイプ別ボディメイク』をお読みいただきありがとうございました。
「骨格診断とボディメイク」という新しいスタイルを提案する本ですが、この本で紹介しているメソッドは体づくりにおいて、たいへん理にかなったものです。「上半身がガッシリしやすい」「脚が太くなりやすい」「くびれができにくい」など、骨格のタイプが違えばその悩みも変わってきます。自分の骨格タイプと、それに合ったエクササイズがわかり、効率よく理想の体へと近づけるのは、プロの骨格診断士と一緒に考案したこのメソッドならではの強みです。
　自分の体が変わることで、今よりももっと自分のことが好きになり、自信が持てるようになる。本書を通し、そんなふうにみなさまの後押しができたらうれしいです。

SHOTA

Info.

パーソナルトレーニングジム
『Us Flow』

骨格から整えて、しなやかできれいな体づくりをコンセプトとしているパーソナルトレーニングジム。筋力トレーニングだけでなく、食事指導やコンディショニング（マッサージやストレッチ）、姿勢や体の使い方のアドバイスなども行なっている。とくに、姿勢改善メソッドを用いたエクササイズ指導は多くの女性から好評。都内やオンラインでのパーソナルトレーニングを中心に行っており、場所を問わず指導を受けられる。

HP：https://usflow0207.com/

ブックデザイン　月足智子
マンガ・イラスト　百田ちなこ
編集・構成　松下郁美
校閲　フライス・バーン
本文DTP　アド・クレール
協力　SADAYUKI HOROTA（保呂田貞行）
Bravoworks Inc.
RISA（Us Flow）
パーソナルカラー診断サロン Colorcle

最速で理想のカラダになる

骨格タイプ別ボディメイク

セルフ骨格診断＋エクササイズで体型の悩みを解決！

2023年7月25日　第1刷発行
2023年9月26日　第2刷発行

著者　Rina Saiki
　　　SHOTA
発行人　土屋 徹
編集人　滝口勝弘
編集担当　酒井靖宏

発行所　株式会社Gakken
　　　〒141-8416　東京都品川区西五反田2-11-8
印刷所　中央精版印刷株式会社

○この本に関する各種お問い合わせ先
本の内容については、
下記サイトのお問い合わせフォームよりお願いします。
https://www.corp-gakken.co.jp/contact/
在庫については　Tel 03-6431-1250（販売部）
不良品（落丁、乱丁）については　Tel 0570-000577
学研業務センター　〒354-0045 埼玉県入間郡三芳町上富279-1
上記以外のお問い合わせは
Tel 0570-056-710（学研グループ総合案内）

学研グループの書籍・雑誌についての
新刊情報・詳細情報は、下記をご覧ください。
学研出版サイト https://hon.gakken.jp/

Rina Saiki

イメージコンサルタント
Bravoworks Inc. 所属
イメージコンサルティングサロン
『Colorcle（カラクル）』代表

証券会社でOLを経験後、2018年3月に「もっと気軽に」をテーマにイメコンサロン『Colorcle』をオープン。その後、ブラボーワークス株式会社（Bravoworks Inc.）に入社し、店舗拡大やそれに伴う人材育成、また電子書籍販売などを展開する。骨格診断、顔タイプ診断、パーソナルカラー診断などの累計診断実績は5,000人以上。イメージコンサルや骨格診断を身近に感じられるような情報を発信するTwitterも大人気。SNSの総フォロワー数は14万人以上。

Twitter（X）：@colorcle_ ／@ColorcleO

SHOTA

理学療法士、姿勢改善トレーナー
ピラティスインストラクター
パーソナルトレーニングジム
『Us Flow（アスフロウ）』代表。

理学療法士として病院で働いたのち、女性らしいしなやかな体づくりをコンセプトにパーソナルトレーニングジム『Us Flow』をオープン。ジムやオンラインでのパーソナルトレーニングを行っている。姿勢の改善や脚やせなど、体のラインを美しくする指導に定評があり、Rina Saikiとともに考案した「骨格パーソナルトレーニング」は幅広い年齢層の女性に人気。エクササイズをわかりやすく紹介するSNSの総フォロワー数は24万人以上。

Twitter（X）：@ogitoreshota
Instagram：@shota_bdre24